Paltin · Insiderinformationen und Ad-hoc-Publizität

Marcel Paltin

Insiderinformationen und Ad-hoc-Publizität

Anforderungen an die Selbstbefreiung von der Veröffentlichungspflicht

Mit einer Einführung von
Professor Dr. Michael Jaensch

Gans Verlag
Berlin

Berliner wirtschaftsrechtliche Schriften, Bd. 4

Von Professor Dr. Michael Jaensch und Professorin Dr. Irmgard Küfner-Schmitt herausgegeben.

Bibliografische Informationen der Deutschen Nationalbibliothek

Die Deutsche Nationalbibliothek verzeichnet diese Publikation in der Deutschen Nationalbibliografie; detaillierte bibliografische Daten sind im Internet über http://dnb.dnb.de abrufbar.

ISBN 978-3-946392-03-3

Marcel Paltin
Insiderinformationen und Ad-hoc-Publizität
1. Auflage 2016

Inhaltsverzeichnis

Einführung

Von Prof. Dr. Michael Jaensch

Um zu vermeiden, dass Insider ihren Wissensvorsprung nutzen, um höhere Renditen zu erzielen, ist der Emittent verpflichtet, Insiderinformationen unmittelbar zu veröffentlichen (Ad-hoc-Publizität). So soll die Bildung eines angemessenen Marktpreises gewährleistet werden. In seiner Untersuchung[1] geht *Paltin* der Frage nach, unter welchen Voraussetzungen das Gesetz es dem Emittenten gestattet, die Veröffentlichung aufzuschieben.

I. Die Brisanz des Themas wird durch den VW-Abgasskandal ins Bewusstsein gerufen. Am Freitag, 18.09.2015, informierte die US-Umweltbehörde EPA die Öffentlichkeit über Unregelmäßigkeiten einer verwendeten Software bei VW-Dieselmotoren. Daraufhin brach der Kurs der Stammaktie der Volkswagen AG um etwa 14% ein. Vier Tage später, am Dienstag, 22.09., um 11.39 Uhr gab die Gesellschaft in einer Ad-hoc-Mitteilung eine Gewinnwarnung heraus. Die Volkswagen AG informierte über auffällige Abweichungen zwischen Prüfstandswerten und realem Fahrbetrieb bei weltweit rund elf Millionen Fahrzeugen und kündigte an, rund 6,5 Milliarden Euro ergebniswirksam zurückzustellen. Infolgedessen rutschte der Aktienkurs um weitere rund 20% ab. Die Bundesanstalt für Finanzdienstleistungsaufsicht (BaFin) gelangte zu der Auffassung, dass Verantwortliche bei Volkswagen von den Unregelmäßigkeiten gewusst und verspätet über die finanziellen Folgen des Abgasskandals informiert haben, um den Aktienkurs zu manipulieren. Infolgedessen hat sie den gesamten Vorstand von Volkswagen angezeigt. Kapitalanleger erwägen nun, Schadensersatzansprüche für die erlittenen Kursverluste geltend zu machen. Sie berufen sich dabei auf §§ 15 Abs. 3 (n.F.), 37b WpHG, die einen Ersatzanspruch bei vorsätzlicher oder grob fahrlässiger Unterlassung der Veröffentlichung von Insiderinformationen vorsehen.

---

[1] Die Untersuchung von Marcel Paltin über Insiderinformationen und Ad-hoc-Publizität lag als Masterarbeit zur Erlangung des akademischen Grades Master of Laws (LL.M.) der HTW Berlin vor.

II. Die vorliegende Untersuchung von *Paltin* beleuchtet den Aufschub der Ad-hoc-Publizität nach § 15 Abs. 3 Satz 1 WpHG a.F., der seit dem 3. Juli 2016 durch Art. 17 Abs. 4 Marktmissbrauchsverordnung (MMVO)[2] ersetzt wird. Art. 17 MMVO regelt die Ad-hoc-Publizität und deren Aufschubtatbestand europaweit einheitlich. Die Analyse *Paltins* wird durch die Neuregelung aber nicht etwa zur Makulatur, sondern behält ihren aktuellen Wert. Denn § 15 Abs. 3 WpHG a.F. geht in Art. 17 Abs. 4 und Abs. 7 MMVO weitgehend auf. Die MMVO wird flankiert von der Marktmissbrauchsrichtlinie über strafrechtliche Sanktionen bei Marktmanipulation,[3] welche mit dem Ersten Finanzmarktnovellierungsgesetz[4] umgesetzt wurde.

§ 15 Abs. 3 Satz 1 WpHG a.F. und Art. 17 Abs. 4 MMVO ermöglichen es dem Emittenten, eigenverantwortlich die Veröffentlichung von Insiderinformationen aufzuschieben. Denn der Emittent ist solange von seiner Veröffentlichungspflicht befreit, wie es (i) der Schutz seiner berechtigten Interessen erfordert, (ii) keine Irreführung der Öffentlichkeit zu befürchten ist und (iii) der Emittent die Vertraulichkeit der Insiderinformationen gewährleisten kann.

(i) *Paltin* kommt bei der Frage, wann ein berechtigtes Interesse des Emittenten einen Aufschub erfordert, zum Schluss, dass als Maßstab nur das Interesse der Aktionäre ausschlaggebend sein kann. Da nur ihnen das Vermögen der Gesellschaft zustehe, sind ihnen auch die Geschäftschancen, die es durch den Aufschub zu wahren gilt, zuzuordnen.[5] Auf die Interessen von Gläubigern und Arbeitnehmern käme es hingegen nicht an, da es ihnen gleichgültig sei, ob Geschäftschancen genutzt werden.[6] Ein Aufschub ist jedoch nur dann möglich, wenn das berechtigte Emittenteninteresse an der Geheimhaltung gegenüber dem Interesse des Kapitalmarktes an der Veröffentlichung der Insiderinformationen überwiegt. Im Rahmen der Interessen-

---

2 Verordnung Nr. 596/2014 vom 16.04.2014, Abl. EU L 173/1 vom 12.06. 2014.

3 Richtlinie 2017/57/EU vom 16.04.2014, Abl. EU L 173/179 vom 12.06.2014.

4 Gesetz vom 30. Juni 2016, BGBl I 1514.

5 *Paltin*, Insiderinformationen und Ad-hoc-Publizität, S. 43.

6 *Paltin*, a.a.O., S. 44.

abwägung erörtert *Paltin*, inwiefern kursierende Gerüchte, die er als Insiderinformationen qualifiziert, sofern ihnen ein Tatsachenkern zugrunde liegt,[7] den Ausschlag für das Überwiegen des Kapitalmarktinteresses geben können. Seiner Ansicht nach überwiege das Marktinteresse, sofern ein ausreichendes Maß an bisher verschwiegenen Informationen bereits an die Öffentlichkeit gelangt ist.[8] Handele es sich bei den Gerüchten um Spekulationen („weiche" Informationen), ist das Veröffentlichungsinteresse meist gering, sodass es zurückzustehen habe.[9]

(ii) Der Aufschub setzt weiter voraus, dass es nicht zu einer Irreführung der Öffentlichkeit kommt. Auch bei diesem Tatbestandsmerkmal kommt der Einschätzung von Gerüchten eine besondere Bedeutung zu. Denn Gerüchte können auch dann zu einer Irreführung der Öffentlichkeit führen, wenn nicht der Emittent, sondern ein Dritter sie in die Welt gesetzt hat. Daher kommt *Paltin* zu dem Ergebnis, dass kursierende Gerüchte selbst dann gegen einen Aufschub sprechen, wenn sie nicht von dem Emittenten verbreitet wurden.[10] Somit können Dritte den Emittenten zur Ad-hoc-Mitteilung und somit zur Aufklärung zwingen, wenn sie geschickt Gerüchte in die Welt setzen und damit Verwirrung stiften.

(iii) Während der Aufschubphase hat der Emittent für Vertraulichkeit zu sorgen. In richtlinienkonformer Auslegung von Art. 3 Abs. 2 Satz 2 der Durchführungsrichtlinie zur Marktmissbrauchsrichtlinie (DRL)[11] müssen hierzu wirksame Kontrollmaßnahmen unternommen und alle Personen, die Zugang zu den Insiderinformationen haben, in die Bewahrung der Vertraulichkeit einbezogen werden. Schließlich sind Informationen unmittelbar bekannt zu geben, sobald deren Vertraulichkeit nicht mehr gewährleistet werden kann. *Paltin* gelangt zu dem Schluss, dass die Vertraulichkeit nicht allein dadurch verletzt werde, wenn die Informationen an Unternehmensexterne weitergegeben werden.[12] Entgegen Art. 3 Abs. 2 Satz 2 lit. c) DRL sei

---

7 *Paltin*, a.a.O., S. 62.
8 *Paltin*, a.a.O., S. 63.
9 *Paltin*, a.a.O., S. 63.
10 *Paltin*, a.a.O., S. 75.
11 Richtlinie 2003/124/EG vom 22.12.2003, Abl. EU L 339/70 vom 24.12.2003.
12 *Paltin*, a.a.O., S. 81 f.

die Pflicht zur unmittelbaren Veröffentlichung nicht Teil des Tatbestandsmerkmals der Gewährleistung der Vertraulichkeit, sondern ergebe sich unmittelbar aus § 15 Abs. 1 Satz 1, Abs. 3 Satz 2 WpHG a.F. oder nunmehr Art. 17 Abs. 1, Abs. 7 Unterabs. 1 MMVO, die Veröffentlichung unverzüglich nachzuholen.[13] Gerüchte mit einem Tatsachenkern seien nach *Paltin* zwar Insiderinformationen und könnten auch dann zur Irreführung der Öffentlichkeit führen, wenn sie von Dritten in die Welt gesetzt werden. Jedoch läge in diesem Fall noch keine Verletzung der Vertraulichkeit vor, da der Emittent keine Verhaltenspflicht verletzt habe. Dies ändert sich jedoch mit Art. 17 Abs. 7 Unterabs. 2 MMVO, wonach bei einem ausreichend präzisem Gerücht vermutet wird, dass die Vertraulichkeit nicht mehr gewährleistet ist.[14] Trotz allem sei ein Aufschub der Ad-hoc-Publizität aufgrund der Irreführung der Öffentlichkeit nicht gerechtfertigt.[15]

(iv) Einen Beschluss des Emittenten erfordert der Aufschub der Ad-hoc-Publizität nach Auffassung *Paltins* nicht. Der Ausnahmetatbestand trete ein, sobald die materiellen Voraussetzungen von § 15 Abs. 3 WpHG a.F. oder nunmehr Art 17 Abs. 4 MMVO vorlägen.[16] Zu Beweiszwecken rät er jedoch, eine bewusste Aufschubentscheidung zu treffen und diese zu dokumentieren.[17]

III. Art. 17 MMVO enthält im Vergleich zu § 15 WpHG a.F. einige Neuerungen. Die augenfälligste Änderung stellt die Erweiterung der Ad-hoc-Publizität auf dem freien Markt dar. Nach Art. 17 Abs. 1 Unterabs. 3 MMVO gilt die Veröffentlichungspflicht auch für Emittenten, die für ihre Finanzinstrumente eine Zulassung zum Handel auf einem multilateralen oder organisierten Handelssystem erhalten haben. Allerdings galt bereits zuvor aufgrund Allgemeiner Geschäftsbedingungen für den Freiverkehr eine

---

13 *Paltin*, a.a.O., S. 84 f.

14 *Paltin*, a.a.O., S. 86 ff.

15 *Paltin*, a.a.O., S. 87 f.

16 *Paltin*, a.a.O., S. 92 ff.

17 *Paltin*, a.a.O., S. 94.

Quasi-ad-hoc-Publizität,[18] so dass es lediglich zu einer graduellen inhaltlichen Änderung kommt. Geändert hat sich zudem die Veröffentlichungsart und Dauer. Nach Art. 17 Abs. 1 Unterabs. 2 Satz 3 MMVO ist der Emittent verpflichtet, alle zu offenbarenden Insiderinformationen auf seiner Website für einen Zeitraum von mindestens fünf Jahren zu veröffentlichen.

Art. 17 Abs. 4 Unterabs. 2 MMVO stellt nunmehr klar, dass der Aufschub der Veröffentlichung von Insiderinformationen auch für zeitlich gestreckte Vorgänge, die aus mehreren Schritten bestehen, erfolgen kann. Hingegen enthält Art. 17 MMVO keine Entscheidung zu der von *Paltin* aufgeworfenen Frage, ob der Aufschub eine konkrete Entscheidung des Emittenten bedarf oder ob er solange zulässig ist, wie die materiellen Voraussetzungen erfüllt sind. Nach § 15 Abs. 3, Abs. 4 WpHG a.F. waren die Gründe für den Aufschub der Ad-hoc-Publizität *vor* der Veröffentlichung der BaFin mitzuteilen. Art. 17 Abs. 4 Unterabs. 3 Satz 1 MMVO sieht hingegen vor, dass die Gründe unmittelbar *nach* der Offenlegung der zuständigen Behörde mitzuteilen sind. Allerdings sind die Mitgliedstaaten berechtigt festzulegen, dass die Gründe nur auf Ersuchen der zuständigen Behörde übermittelt werden müssen. Der deutsche Gesetzgeber hat von dieser Ermächtigung bisher keinen Gebrauch gemacht.

Die MMVO enthält konkrete Regelungen zum Kursieren von Gerüchten, womit sich die Untersuchung *Paltins* an verschiedenen Stellen beschäftigt. Gemäß Art. 17 Abs. 7 MMVO endet der Aufschub der Ad-hoc-Publizität, sobald ein Gerücht, welches auf eine bisher nicht offengelegte Insiderinformation Bezug nimmt, ausreichend präzise ist, da vermuten wird, dass die Vertraulichkeit nicht mehr gewährleistet ist.

Die Überlegungen *Paltins* geben strukturierte und wertvolle Hilfestellungen, die über den Aufschub der Ad-hoc-Publizität Klarheit schaffen und auch im Anwendungsbereich von Art. 17 Abs. 4 MMVO ihre Geltung beanspruchen.

---

[18] S. z.B. § 19 Abs. 1 lit. c) aa) Satz 1 AGB Freiverkehr der Deutschen Börse AG, Stand: 26.07.2013.

Literaturverzeichnis

Assmann, Heinz-Dieter, Das neue deutsche Insiderrecht, ZGR 1994, 494 ff.

Assmann, Heinz-Dieter/Schneider, Uwe H. (Hrsg.), Kommentar zum WpHG, 6. Auflage 2012, Köln, zitiert: Assmann/Schneider/*Bearbeiter*.

Bachmann, Gregor, Anmerkung zum BGH, Urteil vom 13.12.2011 - XI ZR 51/10, JZ 2012, 978 ff.

Barth, Marcel, Schadensberechnung bei Haftung wegen fehlerhafter Kapitalmarktinformation, 2006, Frankfurt am Main, zitiert: *Barth*, Schadensberechnung.

Baumbach, Adolf (Begr.)/Hopt, Klaus J., Kommentar zum Handelsgesetzbuch, 36. Auflage 2014, München, zitiert: Baumbach/Hopt/*Bearbeiter*, HGB.

Baums, Theodor, Haftung wegen Falschinformation des Sekundärmarkts, ZHR 167 (2003), 139 ff.

Bedkowski, Dorothea, Der neue Emittentenleitfaden der BaFin, BB 2009, 394 ff.

Bitter, Georg, Geschäftsschädigende Verlautbarungen börsennotierter Aktiengesellschaften über Vertragspartner im Spannungsfeld zwischen Ad-hoc-Publizität und vertraglicher Rücksichtnahmepflicht – Ist das Urteil in Sachen Kirch/Breuer verallgemeinerungsfähig? – , WM 2007, 1953 ff.

Brandi, Tim Oliver/Süßmann, Rainer, Neue Insiderregeln und Ad-hoc-Publizität – Folgen für Ablauf und Gestaltung von M&A-Transaktionen, AG 2004, 642 ff.

Bruder, Annette, Die Weitergabe von Insiderinformationen durch Arbeitnehmervertreter, 2008, Frankfurt am Main.

Büche, Christian, Die Pflicht zur Ad-hoc-Publizität als Baustein eines integeren Finanzmarkts – Die Vorgaben der Marktmissbrauchs-Richtlinie und ihre Umsetzung in § 15 WpHG, 2005, Baden-Baden, zitiert: *Büche*, Die Pflicht zur Ad-hoc-Publizität.

Buck-Heeb, Petra, Kapitalmarktrecht, 7. Auflage 2014, Heidelberg/München/Landsberg/Frechen/Hamburg.

Buck-Heeb, Petra/Dieckmann, Andreas, Informationsdeliktshaftung von Vorstandsmitgliedern und Emittenten, AG 2008, 681 ff.

Cahn, Andreas/Götz, Jürgen, Ad-hoc-Publizität und Regelberichterstattung, AG 2007, 221 ff.

Caspari, Karl-Burkhard, Die geplante Insiderregelung in der Praxis, ZGR 1994, 530 ff.

Casper, Matthias, Haftung für fehlerhafte Informationen des Kapitalmarktes, Der Konzern 2006, 32 ff.

Diekmann, Hans/Sustmann, Marco, Gesetz zur Verbesserung des Anlegerschutzes (Anlegerschutzverbesserungsgesetz – AnSVG), NZG 2004, 929 ff.

Findeisen, Maximilian/Backhaus, Richard, Umfang und Anforderungen an die haftungsbegründende Kausalität bei der Haftung nach § 826 BGB für fehlerhafte Ad-hoc-Mitteilungen, WM 2007, 100 ff.

Fleischer, Holger, Das Vierte Finanzmarktförderungsgesetz, NJW 2002, 2977 ff.

Fleischer, Holger, Der Inhalt des Schadensersatzanspruchs wegen unwahrer oder unterlassener unverzüglicher Ad-hoc-Mitteilungen, BB 2002, 1869 ff.

Fleischer, Holger, Zur deliktsrechtlichen Haftung der Vorstandsmitglieder für falsche Ad-hoc-Mitteilungen – Zugleich eine Besprechung der Infomatec-Entscheidungen des BGH vom 19.7.2004, DB 2004, 2031 ff.

Fleischer, Holger/Schmolke, Klaus Ulrich, Gerüchte im Kapitalmarktrecht, AG 2007, 841 ff.

Fox, Merritt B., Retaining Mandatory Securities Disclosure: Why Issuer Choice Is Not Investor Empowerment, Virginia Law Review (Vol. 85), 1999, 1335 ff.

Fox, Merritt B., Securities Disclosure in a Globalizing Market: Who Should Regulate Whom, Michigan Law Review (Vol. 95), 1997, 2498 ff.

Fuchs, Andreas (Hrsg.), Kommentar zum WpHG, 2009, München, zitiert: Fuchs/*Bearbeiter*.

Goette, Wulf, Leitung, Aufsicht, Haftung – zur Rolle der Rechtsprechung bei der Sicherung einer modernen Unternehmensführung, Festschrift aus Anlaß des fünfzigjährigen Bestehens von Bundesgerichtshof, Bundesanwaltschaft und Rechtsanwaltschaft beim Bundesgerichtshof, 2000, Köln/Berlin/Bonn/München, 123 ff., zitiert: *Goette*, in: FS 50 Jahre BGH.

Gunßer, Christian, Ad-hoc-Publizität bei Unternehmenskäufen und -übernahmen, 2008, Baden-Baden, zitiert: *Gunßer*, Ad-hoc-Publizitätbei Unternehmenskäufen.

Hammen, Horst, Analogieverbot beim Acting in Concert, Der Konzern 2009, 18 ff.

Handelsrechtsausschuss des Deutschen Anwaltvereins, Stellungnahme zum Entwurf einer Überarbeitung und Ergänzung des Emittentenleitfadens der Bundesanstalt für Finanzdienstleistungsaufsicht (BaFin), NZG 2009, 175 ff., zitiert: DAV Handelsrechtsausschuss.

Harbath, Stephan, Ad-hoc-Publizität beim Unternehmenskauf, ZIP 2005, 1898 ff.

Harris, Larry, Trading and Exchanges – Market Microstructure for Practioners, 2003, Oxford, zitiert: *Harris*, Trading & Exchanges.

Heidel, Christian (Hrsg.), Kommentar zum Aktienrecht und Kapitalmarktrecht, 3. Auflage 2011, Baden-Baden, zitiert: Heidel/*Bearbeiter*.

Hopt, Klaus J., Insider- und Ad-hoc-Publizitätsprobleme, in: Schimansky, Herbert/Bunte, Hermann-Josef/Lwowski, Hans-Jürgen (Hrsg.), Bankrechts-Handbuch, 4. Auflage 2011, München, § 107, zitiert: *Hopt*, in: Schimansky/Bunte/Lwowski (Hrsg.), BankR-HB.

Hüffer, Uwe (Begr.), Kommentar zum Aktiengesetz, 11. Auflage 2014, München, zitiert: Hüffer/*Bearbeiter*.

Hupka, Jan, Das Insiderrecht im Lichte der Rechtsprechung des EuGH, EuZW 2011, 860 ff.

Ihrig, Hans-Christoph, Ad-hoc-Pflichten bei gestreckten Geschehensabläufen - Praxisfragen aus dem „Geltl"-Urteil des EuGH, in: Gesellschaftsrechtliche Vereinigung (Hrsg.), Gesellschaftsrecht in der Diskussion 2012, Band 18, 2013, Köln, zitiert: *Ihrig*, in: GesR in der Diskussion.

Ihrig, Hans-Christoph/Kranz, Christopher, EuGH-Entscheidung Geltl/Daimler: „Selbstbefreiung" von der Ad-hoc-Publizitätspflicht – Offene Streitfragen im Umgang mit § 15 Abs. 3 WpHG, BB 2013, 451 ff.

Kersting, Christian, Auskunftsverweigerung im Gesellschafts- und Kapitalmarktrecht, in: Schön, Wolfgang (Hrsg.), Rechnungslegung und Wettbewerbsschutz im deutschen und europäischen Recht, 2009, Berlin/Heidelberg, 411 ff., zitiert: *Kersting*, in: Schön (Hrsg.), Rechnungslegung u. Wettbewerbsschutz.

Kersting, Christian, Das Erfordernis des Gleichlaufs von Emittenten- und Anlegerinteresse als Voraussetzung für den Aufschub einer Insiderinformation, ZBB/JBB 2011, 442 ff.

Klöhn, Lars, Das deutsche und europäische Insiderrecht nach dem Geltl-Urteil des EuGH, ZIP 2012, 1885 ff.

Klöhn, Lars, Der „gestreckte Geschehensablauf" vor dem EuGH – Zum DaimlerChrysler-Vorlagebeschluss des BGH, NZG 2011, 166 ff.

Klöhn, Lars, Der Aufschub der Ad-hoc-Publizität wegen überwiegender Geheimhaltungsinteressen des Emittenten (§ 15 Abs. 3 WpHG), ZHR 178 (2014), 55 ff.

Klöhn, Lars, Die Haftung wegen fehlerhafter Ad-hoc-Publizität gem. §§ 37b, 37c WpHG nach dem IKB-Urteil des BGH, AG 2012, 345 ff.

Klöhn, Lars, Kapitalmarkt, Spekulation und Behavioral Finance – Eine interdisziplinäre und vergleichende Analyse zum Fluch und Segen der Spekulation und ihrer Regulierung durch Recht und Markt, 2006, Berlin, zitiert: *Klöhn*, Kapitalmarkt, Spekulation u. Behavioral Finance.

Koch, Philipp, Veröffentlichung von Insiderinformationen, in: Veil, Rüdiger (Hrsg.), Europäisches Kapitalmarktrecht, 2. Auflage 2014, Tübingen, § 19.

Kölner Kommentar zum WpHG, Hirte, Heribert/Möllers, Thomas M.J. (Hrsg.), 2. Auflage 2014, Köln/Berlin/München, zitiert: KK-WpHG/*Bearbeiter*, 2. Aufl.

Kölner Kommentar zum WpHG, Hirte, Heribert/Möllers, Thomas M.J. (Hrsg.), 2007, Köln/Berlin/München, zitiert: KK-WpHG/*Bearbeiter*, 1. Aufl.

Krämer, Lutz/Heinrich, Tobias A., Emittentenleitfaden „reloaded“ – Eine Bestandsaufnahme der Neuauflage des Emittentenleitfadens der BaFin, ZIP 2009, 1737 ff.

Krause, Hartmut, Kapitalmarktrechtliche Compliance: neue Pflichten und drastisch verschärfte Sanktionen nach der EU-Marktmissbrauchsverordnung, CCZ 2014, 248 ff.

Kümpel, Siegfried/Veil, Rüdiger, Wertpapierhandelsgesetz – Eine systematische Darstellung – , 2. Auflage 2006, Berlin.

Kuthe, Thorsten, Änderungen des Kapitalmarktrechts durch das Anlegerschutzverbesserungsgesetz, ZIP 2004, 883 ff.

Langenbucher, Katja, Aktien- und Kapitalmarktrecht, 3. Auflage 2015, München.

Langenbucher, Katja, Der „vernünftige Anleger“ vor dem EuGH – Zu den Schlussanträgen des GA Mengozzi in der Sache „Schrempp“, BKR 2012, 145 ff.

Langenbucher, Katja, Kausalitätsbeziehungen bei der Einschaltung von Finanzintermediären – Zur Haftung für fehlerhafte Kapitalmarktinformation – , Festschrift für Karsten Schmidt, 1053 ff.

Lenenbach, Markus, Kapitalmarktrecht und kapitalmarktrelevantes Gesellschaftsrecht, 2. Auflage 2010, Köln, zitiert: *Lenenbach*, Kapitalmarktrecht.

Macey, Jonathan R./Miller, Geoffrey P., Good Finance, Bad Economics: An Analysis of the Fraud-on-the-Market Theory, Stanford Law Review (Vol. 42), 1990, 1059 ff.

Maier-Reimer, Georg/Webering, Anabel, Ad hoc-Publizität und Schadensersatzhaftung – Die neuen Haftungsvorschriften des Wertpapierhandelsgesetzes – , WM 2002, 1858 ff.

Mehringer, Christoph, Das allgemeine kapitalmarktrechtliche Gleichbehandlungsprinzip, 2007, Baden-Baden, zitiert: *Mehringer*, Das allg. kapitalmarktrechtliche Gleichbehandlungsprinzip.

Mennicke, Petra R., Ad-hoc-Publizität bei gestreckten Entscheidungsprozessen und die Notwendigkeit einer Befreiungsentscheidung des Emittenten, NZG 2009, 1059 ff.

Merkner, Andreas/Sustmann, Marco, Insiderrecht und Ad-hoc-Publizität – Das Anlegerschutzverbesserungsgesetz „in der Fassung durch den Emittentenleitfaden der BaFin“, NZG 2005, 729 ff.

Möllers, Thomas M.J., Insiderinformation und Befreiung von der Ad-hoc-Publizität nach § 15 Abs. 3 WpHG – zur Neubeurteilung von mehrstufigen Entscheidungsprozessen durch das Anlegerschutzverbesserungsgesetz – , WM 2005, 1393 ff.

Mülbert, Peter O./Steup, Steffen, Emittentenhaftung für fehlerhafte Kapitalmarktinformation am Beispiel der fehlerhaften Regelpublizität – Das System der Kapitalmarktinformationshaftung nach AnSVG und WpPG mit Ausblick auf die Transparenzrichtlinie – , WM 2005, 1633 ff.

Münchener Kommentar zum Aktiengesetz, Goette, Wulf/Habersack, Mathias (Hrsg.), Band 3, §§ 118-178, 3. Auflage 2013, München, zitiert: MüKo-AktG/*Bearbeiter*.

Nietsch, Michael, Schadensersatzhaftung wegen Verstoßes gegen Ad-hoc-Publizitätspflichten nach dem Anlegerschutzverbesserungsgesetz, BB 2005, 785 ff.

Parmentier, Miriam, Ad-hoc-Publizität bei Börsengang und Aktienplatzierung, NZG 2007, 407 ff.

Pattberg, Holger/Bredol, Martin, Der Vorgang der Selbstbefreiung von der Ad-hoc-Publizitätspflicht, NZG 2013, 87 ff.

Petsch, Andrea, Kapitalmarktrechtliche Informationspflichten versus Geheimhaltungsinteressen des Emittenten, 2012, Baden-Baden, zitiert: *Petsch*, Kapitalmarktrechtliche Informationspflichten.

Rössner, Michael-Christian/Bolkart, Johannes, Schadensersatz bei Verstoß gegen Ad-hoc-Publizitätspfichten nach dem 4. Finanzmarktförderungsgesetz, ZIP 2002, 1471 ff.

Rötting, Michael/Lang, Christina, Das Lamfalussy-Verfahren im Umfeld der Neuordnung der europäischen Finanzaufsichtsstrukturen, EuZW 2012, 8 ff.

Schäfer, Frank A./Hamann, Uwe (Hrsg.), Kapitalmarktgesetze-Kommentar, Band 1, 2. Auflage, 2. Ergänzungslieferung 06/2007, Stuttgart, zitiert: Schäfer/Hamann/*Bearbeiter*, KMG.

Schmidt, Karsten/Lutter, Marcus (Hrsg.), Kommentar zum Aktiengesetz, 2. Auflage 2010, Köln, zitiert: Schmidt/Lutter/*Bearbeiter*.

Schmitt Glaeser, Walter, Güterabwägung, in: Tilch, Horst/Arloth, Frank (Hrsg.), Deutsches Rechts-Lexikon, Band 2 (G-P), 3. Auflage 2001, München.

Schmolke, Klaus Ulrich, Der Lamfalussy-Prozess im Europäischen Kapitalmarktrecht - eine Zwischenbilanz, NZG 2005, 912 ff.

Schmolke, Klaus Ulrich, Die Haftung für fehlerhafte Sekundärmarktinformation nach dem „IKB"-Urteil des BGH, ZBB/JBB 2012, 165 ff.

Schneider, Sven H., Selbstbefreiung von der Pflicht zur Ad-hoc-Publizität, BB 2005, 897 ff.

Schneider, Uwe H./Gilfrich, Stephanie Uta, Die Entscheidung des Emittenten über die Befreiung von der Ad-hoc-Publizitätspflicht, BB 2007, 53 ff.

Schröder, Sönke, Die Selbstbefreiung von der Ad-hoc-Publizitätspflicht nach § 15 Abs. 3 WpHG, 2011, Berlin, zitiert: *Schröder*, Die Selbstbefreiung von der Ad-hoc-Publizität.

Schwark, Eberhard, Kapitalmarktbezogene Informationshaftung, Festschrift für Walther Hadding, 2004, Berlin, 1117 ff.

Schwark, Eberhard/Zimmer, Daniel (Hrsg.), Kommentar zum Kapitalmarktrecht, 4. Auflage 2010, München, zitiert: Schwark/Zimmer/*Bearbeiter*, KMRK.

Schwintek, Sebastian, Das Anlegerschutzverbesserungsgesetz – Neuregelungen im Wertpapierhandelsgesetz, 2005, Stuttgart, zitiert: *Schwintek*, Anlegerschutzverbesserungsgesetz.

Semler, Johannes, Leitung und Überwachung der Aktiengesellschaft – Die Leitungsaufgabe des Vorstands und die Überwachungsaufgabe des Aufsichtsrats, 2. Auflage 1996, Köln/Berlin/Bonn/München, zitiert: *Semler*, Leitung und Überwachung der AG.

Simon, Stefan, Die neue Ad-hoc-Publizität, Der Konzern 2005, 13 ff.

Spindler, Gerald, Haftung für fehlerhafte und unterlassene Kapitalmarktinformationen – ein (weiterer) Meilenstein, NZG 2012, 575 ff.

Stoppel, Jan, Ad-hoc-Publizität, in: Grunewald, Barbara/Schlitt, Michael (Hrsg.), Einführung in das Kapitalmarktrecht, 3. Auflage 2014, München, § 14.

Tollkühn, Oliver, Die Ad-hoc-Publizität nach dem Anlegerschutzverbesserungsgesetz, ZIP 2004, 2215 ff.

Veil, Rüdiger, Die Ad-hoc-Publizitätshaftung im System kapitalmarktrechtlicher Informationshaftung, ZHR 167 (2003), 365 ff.

Veith, Alexander, Die Befreiung von der Ad-hoc-Publititätspflicht nach § 15 III WpHG, NZG 2005, 254 ff.

von Klitzing, Joachim, Die Ad-hoc-Publizität – Zwischen europäischer Vorgabe und nationaler Umsetzung und zwischen Kapitalmarktrecht und Gesellschaftsrecht, 1999, Köln/Berlin/Bonn/München, zitiert: *von Klitzing*, Die Ad-hoc-Publizität.

Weber-Rey, Daniela/Baltzer, Corinna, Verlautbarungen der EU und der BaFin zur internen Governance von Banken, in: Hopt, Klaus J./Wohlmannstetter, Gottfried (Hrsg.), Handbuch Corporate Governance von Banken, 2011, München, zitiert: *Weber-Rey/Baltzer*, in: Hopt/Wohlmannstetter (Hrsg.), HB Corporate Governance.

Widder, Stefan, Befreiung von der Ad-hoc-Publizität ohne Selbstbefreiungsbeschluss?, BB 2009, 967 ff.

Ziemons, Hildegard, Neuerungen im Insiderrecht und bei der Ad-hoc-Publizität durch die Marktmissbrauchsrichtlinie und das Gesetz zur Verbesserung des Anlegerschutzes, NZG 2004, 537 ff.

Zimmer, Daniel, Die Selbstbefreiung – Achillesverse der Ad-hoc-Publizität?, Festschrift für Eberhard Schwark, 2009, München, 669 ff.

Abkürzungsverzeichnis

a. A.	anderer Ansicht
ABl.	Amtsblatt
Abs.	Absatz
AG	Aktiengesellschaft/Die Aktiengesellschaft (Zeitschrift)
a. F.	alte Fassung
a. M.	am Main
AktG	Aktiengesetz
allg.	Allgemein
Anh.	Anhang
AnSVG	Gesetz zur Verbesserung des Anlegerschutzes
Art.	Artikel
Aufl.	Auflage
BaFin	Bundesanstalt für Finanzdienstleistungsaufsicht
BankR	Bankrecht
BB	Betriebs-Berater
Begr.	Begründer
BGB	Bürgerliches Gesetzesbuch
BGBl.	Bundesgesetzblatt
BGH	Bundesgerichtshof
BGHZ	Amtliche Sammlung der Entscheidungen des BGH in Zivilsachen
BKR	Zeitschrift für Bank- und Kapitalmarktrecht
BörsG	Börsengesetz
BRD	Bundesrepublik Deutschland
BT-Drucks.	Bundestagsdrucksache
bzgl.	Bezüglich
bzw.	Beziehungsweise
CCZ	Corporate Compliance Zeitschrift
DAV	Deutscher Anwaltverein
DB	Der Betrieb
ders.	Derselbe
dies.	Dieselbe

DRL	Richtlinie zur Durchführung der Marktmissbrauchsrichtlinie
Eg.	Erwägungsgrund
EG	Europäische Gemeinschaft
EU	Europäische Union
EuGH	Gerichtshof der Europäischen Union
EuZW	Europäische Zeitschrift für Wirtschaftsrecht
EWG	Europäische Wirtschaftsgemeinschaft
EWR	Europäischer Wirtschaftsraum
f.	Folgende
ff.	Fortfolgende
FFG	Finanzmarktförderungsgesetz
Fn.	Fußnote
FS	Festschrift
gem.	Gemäß
GG	Grundgesetz
GesR	Gesellschaftsrecht
HB	Handbuch
HGB	Handelsgesetzbuch
Hrsg.	Herausgeber
HS.	Halbsatz
i. S. v.	im Sinne von
i. V. m.	in Verbindung mit
JBB	Journal of Banking Law and Banking
JZ	JuristenZeitung
KK	Kölner Kommentar
KMG	Kapitalmarktgesetze
KMRK	Kommentar zum Kapitalmarktrecht
LG	Landgericht
lit.	Litera
Mich. L. Rev.	Michigan Law Review
MMRL	Marktmissbrauchsrichtlinie
MMVO	Marktmissbrauchsverordnung
MüKo	Münchener Kommentar
m. w. N.	mit weiteren Nachweisen
NJW	Neue Juristische Wochenschrift

NJW-RR	Neue Juristische Wochenschrift Rechtsprechungs-Report
Nr.	Nummer
NZG	Neue Zeitschrift für Gesellschaftsrecht
OLG	Oberlandesgericht
OWiG	Gesetz über Ordnungswidrigkeiten
RegE	Regierungsentwurf
RG	Reichsgericht
RGZ	Amtliche Sammlung der Entscheidungen des RG in Zivilsachen
Rn.	Randnummer
Rs.	Rechtssache
S.	Satz/Seite
Slg.	Sammlung
Stan. L. Rev.	Stanford Law Review
u.	Und
US/U.S.	United States/Vereinigte Staaten
Unterabs.	Unterabsatz
v.	vom/von
v. a.	vor allem
Va. L. Rev.	Virginia Law Review
VGH	Verwaltungsgerichtshof
vgl.	vergleiche
WM	Wertpapiermitteilungen – Zeitschrift für Wirtschafts- und Bankrecht
WpAIV	Wertpapierhandelsanzeige- und Insiderverzeichnisverordnung
WpHG	Gesetz über den Wertpapierhandel
WpPG	Wertpapierprospektgesetz
z. B..	zum Beispiel
ZBB	Zeitschrift für Bankrecht und Bankwirtschaft
ZGR	Zeitschrift für Unternehmens- und Gesellschaftsrecht
ZHR	Zeitschrift für das gesamte Handels- und Wirtschaftsrecht
ZIP	Zeitschrift für Wirtschaftsrecht

A Einleitung

Die Ad-hoc-Publizität soll die anlassbezogene Information des Kapitalmarkts sicherstellen.[1] Im deutschen Recht wird die Ad-hoc-Publizität bis zum 30.6.2016 in § 15 WpHG geregelt der dabei auf den Vorgaben der Marktmissbrauchsrichtlinie (MMRL)[2] basiert, die durch das Anlegerschutzverbesserungsgesetz (AnSVG) in nationales Recht transferiert wurde.[3] Mit Inkrafttreten der Marktmissbrauchsverordnung (MMVO) [4] zum 3.7.2016 ergibt sich die Ad-hoc-Publizitätspflicht direkt aus Art. 17 MMVO, wohingegen die neue Fassung von § 15 WpHG, welche durch das Erste Finanzmarktnovellierungsgesetz entstanden ist,[5] die Vorgaben der MMVO nur noch ergänzt bzw. konkretisiert. Demnach werden auch die Regelungen zum Aufschub der Ad-hoc-Publizität aus § 15 Abs. 3 S. 1 WpHG a. F. durch Art. 17 Abs. 4 MMVO ersetzt. Die anstehende Untersuchung setzt sich mit dem Aufschub der Ad-hoc-Publizität nach § 15 Abs. 3 S. 1 WpHG a.F. auseinander und nimmt somit Bezug auf § 15 WpHG in der bis zum 1.7.2016 geltenden Fassung. Sämtliche kommenden Normenverweise auf § 15 WpHG sind somit auf die alte Fassung zu beziehen; gleiches gilt auch für andere WpHG-Normen auf die die Arbeit Bezug nimmt und die durch die Umsetzung der MMVO geändert oder gestrichen wurden. Die folgend herausgearbeiteten Ergebnisse werden dennoch weitestgehend Bestand haben, da Art. 17 Abs. 4 MMVO grundsätzlich die gleichen Voraussetzungen für den Aufschub der Ad-hoc-Publizität verlangt wie die alte Fassung von § 15 Abs. 3 WpHG. Sofern die Verordnung jedoch Veränderungen mit sich

---

1 *Langenbucher*, Aktien- u. Kapitalmarktrecht, § 17 Rn. 18; KK-WpHG/*Klöhn*, 2. Aufl., § 15 Rn. 1.

2 Richtlinie 2003/6/EG v. 28.01.2003, Abl. EU L 96/16 v. 12.04.2003.

3 Gesetz zur Verbesserung des Anlegerschutzes v. 30.10.2004, BGBl. I 2004, S. 2630.

4 Verordnung Nr. 596/2014 v. 16.04.2014, Abl. EU L 173/1 v. 12.06. 2014.

5 Erstes Gesetz zur Novellierung von Finanzmarktvorschriften auf Grund europäischer Rechtsakte v. 30.06.2016, BGBl. I 2016, S. 1514.

bringt, die für die Thematik relevant sind, werden diese in die anstehende Untersuchung miteinbezogen.

Bis zur Geltung der Marktmissbrauchsverordnung ist die grundsätzliche Pflicht zur Ad-hoc-Publizität in § 15 Abs. 1 S. 1 WpHG normiert. Hiernach sind Inlandsemittenten von Finanzinstrumenten verpflichtet, Insiderinformationen, die sie unmittelbar betreffen, unverzüglich zu veröffentlichen. Ähnlich formuliert es auch die Nachfolgeregelung des Art. 17 Abs. 1 S. 1 MMVO. Ziel dieser kapitalmarktrechtlichen Informationspflicht ist es, die Bildung unangemessener Börsen- oder Marktpreise zu verhindern, die durch unvollständige Unterrichtung über kursrelevante Umstände entstehen.[6] Des Weiteren wirkt die Ad-hoc-Publizität dem Insiderhandel entgegen, da sich die kursrelevante Information in den Wertpapierpreisen widerspiegelt und Insider somit keinen möglichen Wissensvorsprung in Form von Überrenditen ausnutzen können.[7]

Nach § 15 Abs. 3 S. 1 WpHG ist der Emittent allerdings solange von der Ad-hoc-Publizitätspflicht befreit, wie es der Schutz seiner berechtigten Interessen erfordert, keine Irreführung der Öffentlichkeit zu befürchten ist und er die Vertraulichkeit der Insiderinformation gewährleisten kann. Diese Voraussetzungen finden sich auch in Art. 17 Abs. 4 Unterabs. 1 lit. a-c MMVO wieder. Kommt der Emittent einer bestehenden Ad-hoc-Publizitätspflicht nicht nach, obwohl die Befreiungsvoraussetzungen nicht erfüllt sind, macht er sich nicht nur bußgeldpflichtig,[8] sondern hat gegebenenfalls auch Schadensersatz zu leisten.[9]

Um die Gefahr solcher Rechtsfolgen für den Emittenten zu minimieren, ist es Ziel dieser Arbeit darzulegen, wann der Emittent die Ad-hoc-Publizität nach § 15 Abs. 3 S. 1 WpHG aufschieben kann. Dabei sollen nicht nur die materiellen Tatbestandsvoraussetzungen der Norm präzisiert, sondern auch

---

6 Bericht des Finanzausschusses des Deutschen Bundestages, 2. FFG, BT-Drucks. 12/7918, S. 96; BaFin, Emittentenleitfaden 2013, S. 45.

7 Schwark/Zimmer/*Zimmer/Kruse*, KMRK, WpHG, § 15 Rn. 8; *Langenbucher*, Aktien- u. Kapitalmarktrecht, § 17 Rn. 18.

8 *Buck-Heeb*, Kapitalmarktrecht, Rn. 389 f.

9 *Buck-Heeb*, Kapitalmarktrecht, Rn. 380.

untersucht werden, ob der Aufschub weitere formale Voraussetzungen verlangt. Darüber hinaus ist auch auf die Schadensersatzansprüche an sich einzugehen, die der Emittent im Falle eines Verstoßes gegen die Ad-hoc-Publizitätspflicht zu befürchten hat.

Da § 15 Abs. 1 S. 1 WpHG den Grundtatbestand der Ad-hoc-Publizitätspflicht normiert, an den die Ausnahmeregelung des § 15 Abs. 3 S. 1 WpHG ansetzt, wird einleitend kurz auf dessen grundlegende Inhalte eingegangen, die für die folgende Untersuchung wesentlich sind und somit zu einem besseren Verständnis beitragen.

B Der Grundtatbestand der Ad-hoc-Publizität

Damit ein Emittent von der Selbstbefreiung der Ad-hoc-Publizitätspflicht des § 15 Abs. 3 S. 1 WpHG Gebrauch machen kann, muss zuvor grundsätzlich eine Veröffentlichungspflicht nach § 15 Abs. 1 S. 1 WpHG bestehen.[28] Dementsprechend sind die einzelnen Tatbestandsmerkmale von § 15 Abs. 1 S. 1 WpHG kurz darzustellen. Dabei soll auch der Begriff der Insiderinformation definiert werden, da im Laufe der eigentlichen Untersuchung regelmäßig auf diesen zurückgegriffen wird.

I Personeller Anwendungsbereich

Adressaten der Veröffentlichungspflicht des § 15 Abs. 1 S. 1 HS. 1 WpHG sind Inlandsemittenten von Finanzinstrumenten.

Der Begriff der Finanzinstrumente ist in § 2 Abs. 2b WpHG definiert. Danach stellen gem. § 2 Abs. 1 WpHG insbesondere Wertpapiere wie Aktien, Aktienzertifikate oder Inhaberschuldverschreibungen Finanzinstrumente dar, aber auch Derivate i. S. v. § 2 Abs. 2 WpHG.

Inlandsemittenten sind nach § 2 Abs. 7 Nr. 1 WpHG Emittenten, für die die BRD Herkunftsstaat ist oder Emittenten, für die gem. § 2 Abs. 7 Nr. 2 WpHG ein anderer EU- oder EWR-Staat Herkunftsstaat ist, deren Wertpapiere aber nur im Inland zum Handel an einem organisierten Markt zugelassen sind. Während für letztgenannte der Wortlaut von Nr. 2 dabei direkt zum Ausdruck bringt, dass nur derjenige Inlandsemittent ist, dessen Wertpapiere an einem inländischen organisierten Markt zugelassen sind, leitet sich dies für Emittenten nach Nr. 1 aus § 2 Abs. 6 WpHG ab. Jener regelt, wann die BRD Herkunftsstaat ist und setzt dabei stets die Zulassung an einem organisierten Markt voraus. Nach der Definition von § 2 Abs. 5 WpHG handelt es sich bei organisierten Märkten um die staatlich regulierten Märkte der inländischen Wertpapierbörsen.[29] Nach Art. 17 Abs. 1 Unterabs. 3 MMVO

---

28 *Schröder*, Die Selbstbefreiung von der Ad-hoc-Publizität, S. 48.

29 BaFin, Emittentenleitfaden 2013, S. 46; Fuchs/*Pfüller*, WpHG, § 15 Rn. 43; Schwark/Zimmer/*Kumpan*, KMRK, WpHG, § 2 Rn. 120.

werden zukünftig allerdings auch Inlandsemittenten einer Publizitätspflicht unterliegen, deren Finanzinstrumente nur im weniger reglementierten[30] Freiverkehr gehandelt werden.

II Insiderinformation

Ist der personelle Anwendungsbereich eröffnet, müssen nach § 15 Abs.1 S. 1 WpHG nur Informationen veröffentlicht werden, die gemäß der Voraussetzungen von § 13 Abs. 1 S. 1 WpHG eine Insiderinformation darstellen.

Dafür muss die Information zunächst konkret sein. Laut Art. 1 Abs. 1 HS. 1 der Durchführungsrichtlinie zur MMRL (DRL) ist dies der Fall, wenn Umstände oder Ereignisse bereits existieren bzw. eingetreten sind oder mit hinreichender Wahrscheinlichkeit zukünftig existieren bzw. eintreten werden.[31] Daneben müssen die Informationen nach Art. 1 Abs. 1 HS. 2 DRL spezifisch genug sein, um einen Schluss auf mögliche Auswirkungen dieser Ereignisse oder Umstände auf die Kurse von Finanzinstrumenten zuzulassen.[32] Die Vorgabe, dass auch zukünftige Umstände oder Ereignisse konkrete Informationen darstellen können, hat der nationale Gesetzgeber in § 13 Abs. 1 S. 3 WpHG umgesetzt.

Des Weiteren liegt eine Insiderinformation nur so lange vor, wie die Information nicht öffentlich bekannt ist.[33] Nicht öffentlich bekannt ist eine Information, wenn nur wenige Personen von ihr Kenntnis haben.[34] Machen hingegen hinreichend viele Marktteilnehmer die Information zur Grundlage ihrer Disposition, so dass sie sich in den Börsenkursen niederschlägt und Insidergewinne unmöglich macht, ist eine öffentliche Bekanntheit gegeben.[35]

---

30 RegE zum 2. FFG, BT-Drucks. 12/6679, S. 75 f.; Schwark/Zimmer/*Schwark*, KMRK, BörsG, § 48 Rn. 3.

31 Durchführungsrichtlinie zur Marktmissbrauchsrichtlinie, Richtlinie 2003/124/EG v. 22.12.2003, Abl. EU L 339/70 v. 24.12.2003.

32 Ähnlich RegE zum AnSVG, BT-Drucks. 15/3174, S. 34; BaFin, Emittentenleitfaden 2013, S. 32.

33 *Schröder*, Die Selbstbefreiung von der Ad-hoc-Publizität, S. 63.

34 Schwark/Zimmer/*Schwark/Kruse*, KMRK, WpHG, § 13 Rn. 29; *Langenbucher*, Aktien- u. Kapitalmarktrecht, § 15 Rn. 30.

35 *Fleischer/Schmolke*, AG 2007, 841, 847.

Zusätzlich muss sich der Umstand auf einen oder mehrere Emittenten von Insiderpapieren oder die Insiderpapiere selbst beziehen. Ein Bezug auf das Insiderpapier – das nach § 12 S. 1 WpHG ein an der Börse oder im Freiverkehr gehandeltes Finanzinstrument darstellt – besteht, wenn der Handel dadurch betroffen ist.[36] Ein Emittentenbezug liegt dagegen vor, wenn die Vermögens-, Finanz- oder Ertragslage, der allgemeine Geschäftsverlauf, die personelle oder die organisatorische Struktur des Emittenten betroffen ist.[37]

Schließlich muss die Information geeignet sein, bei öffentlichem Bekanntwerden den Börsen- oder Marktpreis der Insiderpapiere erheblich zu beeinflussen. Die Voraussetzung der Erheblichkeit soll verhindern, dass auch Bagatellsachverhalte als Insiderinformation gewertet werden[38] und ist mittels einer Ex-ante-Prognose anhand objektiver Kriterien zu bestimmen.[39] Nach § 13 Abs. 1 S. 2 WpHG ist eine Eignung zur erheblichen Preisbeeinflussung gegeben, wenn ein verständiger Anleger sie bei seiner Anlageentscheidung berücksichtigen würde.

Indem der europäische Gesetzgeber diese Voraussetzungen auch in Art. 7 Abs. 1 lit. a) MMVO auflistet, macht er deutlich, dass jene auch zukünftig vorliegen müssen, um grundsätzlich von einer Insiderinformation ausgehen zu können.

III Unmittelbare Betroffenheit des Emittenten

Liegt nach den oben genannten Kriterien eine Insiderinformation i. S. v. § 13 Abs. 1 S. 1 WpHG vor, braucht der Emittent diese nach § 15 Abs. 1 S. 1 WpHG nur zu veröffentlichen, wenn sie ihn unmittelbar betrifft.

Nach § 15 Abs. 1 S. 3 WpHG ist eine unmittelbare Betroffenheit insbesondere dann gegeben, wenn sich die Insiderinformation auf Umstände bezieht,

---

36 Schwark/Zimmer/*Schwark/Kruse*, KMRK, WpHG, § 13 Rn. 39, mit einer Aufzählung von Beispielen hierzu.

37 *Caspari*, ZGR 1994, 530, 539; Schwark/Zimmer/*Schwark/Kruse*, KMRK, WpHG, § 13 Rn. 38.

38 *Schröder*, Die Selbstbefreiung von der Ad-hoc-Publizität, S. 65; Assmann/Schneider/*Assmann*, WpHG, § 13 Rn. 66.

39 Schwark/Zimmer/*Schwark/Kruse*, KMRK, WpHG, § 13 Rn. 44; *Assmann*, ZGR 1994, 494, 514.

die im Tätigkeitsbereich des Emittenten liegen. Dieses Regelbeispiel dient der Klarstellung, dass der Emittent im Rahmen der Kapitalmarkttransparenz grundsätzlich nur Verantwortung für solche Informationen zu übernehmen hat, die seiner Sphäre zurechenbar sind.[40] Da § 15 Abs. 1 S. 3 WpHG durch die Formulierung „insbesondere" nur ein Regelbeispiel darstellt,[41] können allerdings auch Insiderinformationen über unternehmensexterne Umstände den Emittenten unmittelbar treffen.[42] Dies betrifft aber nur Informationen, von denen der Emittent bei normalem Verlauf Kenntnis erlangen kann.[43] Nur in solchen Fällen kann ein Anleger überhaupt erwarten, die betreffende Information vom Emittenten zu erhalten.[44]

IV Rechtsfolge: Unverzügliche Veröffentlichung

Liegen alle Voraussetzungen für eine ad-hoc-publizitätspflichtige Insiderinformation vor, muss der Emittent sie gem. § 15 Abs. 1 S. 1 HS. 1 WpHG unverzüglich veröffentlichen. Entsprechend der Legaldefinition des § 121 Abs. 1 S. 1 BGB ist eine Veröffentlichung unverzüglich, wenn sie ohne schuldhaftes Zögern vorgenommen wird.[45] Dabei muss dem Emittenten allerdings zugestanden werden, zu prüfen, ob überhaupt eine Publizitätspflicht besteht und ob er diese gegebenenfalls nach § 15 Abs. 3 S. 1 WpHG aufschieben darf.[46]

Mithin lässt sich für den Grundtatbestand der Ad-hoc-Publizitätspflicht nach § 15 Abs. 1 S. 1 WpHG zusammenfassen, dass dieser ausschließlich Inlandsemittenten unterliegen, deren Finanzinstrumente zum Handel an einem inländischen organisierten Markt zugelassen sind. Des Weiteren muss

---

40 Fuchs/*Pfüller*, WpHG, § 15 Rn. 121.

41 Schwark/Zimmer/*Zimmer/Kruse*, KMRK, WpHG, § 15 Rn. 33.

42 BaFin, Emittentenleitfaden 2013, S. 51.

43 *Büche*, Die Pflicht zur Ad-hoc-Publizität, S. 182; *Schröder*, Die Selbstbefreiung von der Ad-hoc-Publizität, S. 76.

44 *Schröder*, Die Selbstbefreiung von der Ad-hoc-Publizität, S. 76.

45 BaFin, Emittentenleitfadem 2013, S. 70; Schwark/Zimmer/*Zimmer/Kruse*, KMRK, WpHG, § 15 Rn. 49; *Schröder*, Die Selbstbefreiung von der Ad-hoc-Publizität, S. 77.

46 Schwark/Zimmer/*Zimmer/Kruse*, KMRK, WpHG, § 15 Rn. 49; *Schröder*, Die Selbstbefreiung von der Ad-hoc-Publizität, S. 77.

eine Insiderinformation i. S. v. § 13 Abs. 1 S. 1 WpHG vorliegen, die den Emittenten darüber hinaus unmittelbar betrifft. Dies ist insbesondere der Fall, wenn die Insiderinformation in seinem Tätigkeitsbereich eintritt.

C Materielle Voraussetzungen für den Aufschub der Ad-hoc-Publizität

Besteht nach § 15 Abs. 1 S. 1 WpHG die grundsätzliche Pflicht zur unverzüglichen Veröffentlichung einer Insiderinformation, kann der Emittent die Veröffentlichung nach § 15 Abs. 3 S. 1 WpHG aufschieben, solange er dazu ein berechtigtes Interesse hat, keine Irreführungsgefahr für die Öffentlichkeit besteht und er die Vertraulichkeit der Insiderinformation gewährleisten kann. Obwohl die Norm die materiellen Voraussetzungen auf den ersten Blick klar formuliert, geht die Frage, wann eine Veröffentlichung aufgeschoben werden kann, mit einigen Unsicherheiten einher.[47] So ist bereits problematisch, wie der Begriff der berechtigten Interessen zu qualifizieren ist.[48] Selbiges gilt für die Irreführungsgefahr, da faktisch jeder Aufschub irreführend ist[49] und somit zusätzliche Kriterien zur Begriffsauslegung gefunden werden müssen. Des Weiteren ist unklar, anhand welches Maßstabs Personen Zugang zu Insiderinformationen verschafft werden kann, um die Vertraulichkeit der Information weiter gewährleisten zu können.[50] Insbesondere zur Klärung dieser Fragen, soll nunmehr vertieft auf die einzelnen materiellen Tatbestandsvoraussetzungen eingegangen werden.

I Berechtigte Interessen des Emittenten

Zentrales Merkmal der Aufschubnorm von § 15 Abs. 3 WpHG ist das Kriterium des Schutzes der berechtigten Interessen des Emittenten,[51] das auch in Art. 17 Abs. 4 Unterabs. 1 lit. a) MMVO verlangt wird. Näher definiert wird der Begriff der berechtigten Interessen in § 6 S. 1 WpAIV. Danach sind berechtigte Interessen gegeben, wenn die Interessen des Emittenten an der Geheimhaltung der Information die Interessen des Kapitalmarkts an einer

47 So auch *Klöhn*, ZHR 178 (2014), 55, 57.

48 Dazu *Klöhn*, ZHR 178 (2014), 55, 73 ff.

49 Assmann/Schneider/*Assmann*, WpHG, § 15 Rn. 159.

50 Assmann/Schneider/*Assmann*, WpHG, § 15 Rn. 162.

51 *Kersting*, ZBB/JBB 2011, 442, 443.

vollständigen und zeitnahen Veröffentlichung überwiegen. Die Begriffsdefinition von § 6 S. 1 WpAIV enthält demnach zwei Elemente. Zum einen das Geheimhaltungsinteresse des Emittenten und zum anderen die Abwägung zwischen jenem Geheimhaltungsinteresse und dem Veröffentlichungsinteresse des Kapitalmarkts.[52]

Vereinzelt wird darauf hingewiesen, die inhaltliche Formulierung des § 6 S. 1 WpAIV könne den Eindruck vermitteln, die Norm verlange für das Vorliegen berechtigter Interessen lediglich, dass die Interessen des Emittenten denen des Kapitalmarkts überwiegen müssen, treffe aber keine qualifizierten Anforderungen zum Begriff des berechtigten Interesses an sich.[53] Träfe der Eindruck zu, müsste demnach außerhalb der Norm nach Anforderungen gesucht werden, da es kaum denkbar erscheint, dass sämtliche Emittenteninteressen, ohne weitere Qualifikation, als berechtigt anzusehen sind, sobald sie die Kapitalmarktinteressen überwiegen.[54]

Dass § 6 WpAIV für die Auslegung des Begriffs der berechtigten Interessen dennoch die maßgebliche Norm darstellt, deutet zum einen bereits der Normtitel „Berechtigte Interessen für eine verzögerte Veröffentlichung" an.[55] Zum anderen beinhaltet der Wortlaut von S. 1 die Legaldefinition: „Berechtigte Interessen (...) liegen vor, wenn (...)".[56] Demnach ist auch das Geheimhaltungsinteresse in § 6 S. 1 WpAIV als eigenständiges Merkmal für die Definition des Begriffs des berechtigten Interesses anzusehen.

Indes problematisch ist jedoch, dass sich auch aus dem Begriff des Geheimhaltungsinteresses kein Erkenntnisgewinn für die Definition der berechtigten Interessen nach § 15 Abs. 3 WpHG ergibt.[57] Da die Ad-hoc-Publizitätspflicht vor allem die Veröffentlichung negativer Informationen bewirken soll, die ein Emittent wiederum meist so lange wie möglich geheim halten

---

52 *Schröder*, Die Selbstbefreiung von der Ad-hoc-Publizität, S. 85; ähnlich KK-WpHG/ *Klöhn*, 2. Aufl., § 15 Rn. Rn. 187.

53 KK-WpHG/*Versteegen*, 1. Aufl., § 15 Rn. 152.

54 KK-WpHG/*Versteegen*, 1. Aufl., § 15 Rn. 152; ähnlich *Schröder*, Die Selbstbefreiung von der Ad-hoc-Publizität, S. 85.

55 KK-WpHG/*Versteegen*, 1. Aufl., § 15 Rn. 152.

56 KK-WpHG/*Versteegen*, 1. Aufl., § 15 Rn. 152.

57 *Schröder*, Die Selbstbefreiung von der Ad-hoc-Publizität, S. 85.

möchte, verdeutlicht sich, dass nicht jedes Geheimhaltungsinteresse zum Aufschub der Ad-hoc-Publizität berechtigen kann.[58] Somit wirft der Begriff des Geheimhaltungsinteresses ebenfalls die Frage auf, wann (negative) Informationen berechtigterweise geheim gehalten werden dürfen.[59] Dass das Geheimhaltungsinteresse nur als berechtigtes Interesse im engeren Sinn bezeichnet werden kann[60] bzw. die beiden Begriffe nahezu gleichzusetzen sind, belegt auch die Formulierung der BaFin, die beim Merkmal der Interessenabwägung nicht den Begriff des Geheimhaltungsinteresses verwendet, sondern den des berechtigten Interesses.[61]

Da im Endeffekt die Abwägung der Geheimhaltungsinteressen mit den Kapitalmarktinteressen als einziges eingrenzendes Element der Definition von § 6 S. 1 WpAIV verbleibt,[62] muss der Begriff des berechtigten Geheimhaltungsinteresses näher definiert werden. Dazu wird zunächst der Frage nachgegangen, anhand welcher Interessen bzw. Interessengruppen sich das Emittenteninteresse bestimmt. Basierend auf diesen Ergebnissen, ist sodann zu untersuchen, wann aus Sicht der maßgebenden Gruppe ein Geheimhaltungsinteresse vorliegt. Anschließend sind die Kapitalmarktinteressen zu bestimmen, um letztlich zu ermitteln, in welchen Fällen die Geheimhaltungsinteressen den Marktinteressen überwiegen und somit berechtigte Interessen für einen Aufschub nach § 15 Abs. 3 S. 1 WpHG vorliegen.

1 Maßstab für die Bestimmung des Emittenteninteresses

Die herrschende Meinung geht oft inzident davon aus, dass der Emittent ein eigenes Interesse habe.[63] Insbesondere die BaFin spricht davon, dass nur die

---

58 *Schröder*, Die Selbstbefreiung von der Ad-hoc-Publizität, S. 85.

59 *Schröder*, Die Selbstbefreiung von der Ad-hoc-Publizität, S. 85.

60 *Schröder*, Die Selbstbefreiung von der Ad-hoc-Publizität, S. 85.

61 BaFin, Emittentenleitfaden 2013, S. 60.

62 *Schröder*, Die Selbstbefreiung von der Ad-hoc-Publizität, S. 85.

63 Assmann/Schneider/*Assmann*, WpHG, § 15 Rn. 157; Fuchs/*Pfüller*, WpHG, § 15 Rn. 352; KK-WpHG/*Versteegen*, 1. Aufl., § 15 Anh. § 6 WpAIV Rn. 12; *Hopt*, in: Schimansky/Bunte/ Lwowski (Hrsg.), BankR-HB, § 107 Rn. 97; *Koch*, in: Veil (Hrsg.), Europäisches Kapitalmarktrecht, § 19 Rn. 74; *Petsch*, Kapitalmarktrechtliche Informationspflichten, S. 127; *Bitter*, WM 2007, 1953,

Interessen des Emittenten selbst zu berücksichtigen seien[64], ohne zu definieren, was damit gemeint ist.[65] Zwar konkretisieren die BaFin und Teile der Literatur das Emittentinteresse dadurch, dass die Interessen Dritter, wie z. B. Verhandlungspartner, nicht zu berücksichtigen seien.[66] Da es aber fraglich ist, ob Inlandsemittenten, als meist börsennotierte Aktiengesellschaften, überhaupt ein eigenes Interesse haben,[67] dienen Negativabgrenzungen nicht zur Bestimmung des Emittenteninteresses nach § 15 Abs. 3 WpHG.[68]

Indem der Emittent regelmäßig einen Verband darstellt, in dem Interessenpluralität herrscht,[69] ist in Bezug auf die Ad-hoc-Publizität umstritten, aus welchen Interessen sich das maßgebliche Emittenteninteresse zusammensetzt. Dementsprechend sind zu dessen Bestimmung die jeweiligen Ansichten nachfolgend darzustellen und anschließend zu bewerten. In diesem Zusammenhang ist auch der Frage nachzugehen, ob die maßgeblichen Interessen neben einem „eigenen" Emittenteninteresse stehen oder dieses gänzlich allein prägen.

a) Anlegerinteressen

Gemäß einer Ansicht ergebe sich aus dem Anlegerbegriff von § 6 S. 2 Nr. 1 WpAIV, dass sich ein Aufschub von Informationen neben dem eigenen Emittenteninteresse auch an den Anlegerinteressen orientieren müsse.[70] Die Norm beinhaltet eines von zwei Regelbeispielen aus Satz 2, nach denen berechtigte Interessen des Emittenten die des Kapitalmarkts überwiegen können.[71] Demnach können nach Nr. 1 berechtigte Geheimhaltungsinteressen

---

1959 f.; *Veith*, NZG 2005, 254, 257; *Schneider*, BB 2005, 897, 898; *Brandi/Süßmann*, AG 2004, 642, 649 f.

64 BaFin, Emittentenleitfaden 2013, S. 60.

65 KK-WpHG/*Klöhn*, 2. Aufl., § 15 Rn. 189.

66 BaFin, Emittentenleitfaden 2013, S. 60; dem anschließend, Schwark/Zimmer/*Zimmer/Kruse*, KMRK, WpHG, § 15 Rn. 58.

67 *Schröder*, Die Selbstbefreiung von der Ad-hoc-Publizität, S. 94.

68 KK-WpHG/*Klöhn*, 2. Aufl., § 15 Rn. 189.

69 *Schröder*, Die Selbstbefreiung von der Ad-hoc-Publizität, S. 94; Hüffer/*Koch*, AktG, § 76 Rn. 28; Schmidt/Lutter/*Seibt*, AktG, § 76 Rn. 12.

70 *Kersting*, in: Schön (Hrsg.), Rechnungslegung u. Wettbewerbsschutz, S. 484 f.; *ders.*, ZBB/ JBB 2011, 442, 446.

71 Assmann/Schneider/*Assmann*, WpHG, § 15 Rn. 148.

vorliegen, wenn Verhandlungen über Geschäftsinhalte, die geeignet wären, im Fall ihres öffentlichen Bekanntwerdens den Börsen- oder Marktpreis erheblich zu beeinflussen, von der Veröffentlichung wahrscheinlich erheblich beeinträchtigt würden und somit eine Veröffentlichung die Interessen der Anleger ernsthaft gefährden würde.

Zwar verfolgen sowohl der Emittent als auch die Aktionäre mit der Realisierung von Geschäftschancen grundsätzlich die gleichen Interessen, da hier mit dem Begriff des Anlegers aber nicht nur die Aktionäre gemeint seien, könne das Emittenteninteresse nicht mit dem der Anleger gleichgesetzt werden.[72] Dies ginge aus Art. 3 Abs. 1 lit. a) DRL hervor, auf dem § 6 S. 2 Nr. 1 WpAIV basiert. Indem dort der Begriff der „vorhandenen und potenziellen Aktionäre" verwendet wird – der sich auch in der Marktmissbrauchsverordnung wiederfindet[73] – ergäbe sich durch richtlinienkonforme Auslegung, dass sich die Ad-hoc-Publizität nicht nur an gegenwärtige Aktionäre, sondern an die Gesamtheit aller Anleger richte. Mithin führe eine Gefährdung des Wohlergehens der Emittenteninteressen nicht automatisch auch zur Gefährdung der Interessen aller Anleger. Da die Interessen der Anleger nur einheitlich bestimmt werden dürften, müssten weiterreichende Aktionärsinteressen somit ausgeblendet werden.[74]

Des Weiteren könne selbst das Aktionärsinteresse vom Emittenteninteresse abweichen, da zumindest Aktionäre, die Anteile des Emittenten veräußern, ohnehin kein weiterreichendes Interesse an dessen Wohlergehen hätten.[75] So wäre einerseits ein Aufschub positiver Nachrichten nicht in ihrem Interesse, da er einen wahrscheinlichen Kursanstieg verhindere. Andererseits nütze dem Verkäufer zwar ein Aufschub schlechter Nachrichten, jedoch sei ein Interesse an einem Verkauf zu überhöhten Preisen nicht schützenswert, da dies den Interessen von § 15 WpHG entgegenlaufe.

---

[72] *Kersting*, ZBB/JBB 2011, 442, 446.

[73] Eg. 50 Bsp. a) MMVO.

[74] *Kersting*, ZBB/JBB 2011, 442, 446.

[75] *Kersting*, ZBB/JBB 2011, 442, 446.

Unabhängig vom Emittenteninteresse, müsse für einen Aufschub folglich auch ein Anlegerinteresse vorliegen.[76] Die Gefährdung eines solchen läge dabei im Ergebnis nur vor, wenn eine Veröffentlichung das einzig gemeinsame Interesse aller Anleger – Transaktionsentscheidungen zu informationsgerechten Preisen zu treffen – gefährden würde.[77]

b) Aktionärsinteressen

Die Gegenmeinung hingegen argumentiert, dass es für die Bestimmung des Emittenteninteresses nur auf die Interessen der aktuellen Aktionäre ankäme.[78] Dabei wird ebenfalls auf den Anlegerbegriff aus § 6 S. 2 Nr. 1 WpAIV abgestellt.[79] Allerdings wird darauf verwiesen, dass es sich bei den potenziellen Aktionären in Art. 3 Abs. 1 lit. a) DRL nicht um alle Anleger handele, sondern nur um diejenigen, die während der Geheimhaltungsphase Aktien des Emittenten erwerben.[80] Wären alle Anleger gemeint, würde sich das Emittenteninteresse nicht mehr vom Marktinteresse unterscheiden.[81]

Dass der nationale Gesetzgeber mit dem Anlegerbegriff nicht sämtliche Marktteilnehmer gemeint haben könne, ließe sich schon durch Gegenüberstellung der Regelbeispiele aus § 6 S. 2 WpAIV und Art. 3 Abs. 1 DRL aufzeigen. So ist nach dem zweiten Regelbeispiel des § 6 S. 2 Nr. 2 WpAIV und dessen europäischer Vorgabe Art. 3 Abs. 1 lit. b) DRL – die ebenso wie Art. 3 Abs. 1 lit. a) DRL durch die Marktmissbrauchsverordnung übernommen wurde[82] – ein Emittent zum Aufschub berechtigt, wenn die Zustimmung eines anderen Organs über ein vom Geschäftsführungsorgan abgeschlossenes Geschäft noch aussteht und eine Ankündigung darüber eine

---

76 *Kersting*, in: Schön (Hrsg.), Rechnungslegung u. Wettbewerbsschutz, S. 484; *ders.*, ZBB/JBB 2011, 442, 446.

77 *Kersting*, ZBB/JBB 2011, 442, 446.

78 KK-WpHG/*Klöhn*, 2. Aufl., § 15 Rn. 193; *ders.*, ZHR 178 (2014), 55, 77; *Gunßer*, Ad-hoc-Publizität bei Unternehmenskäufen, S. 96; in die Richtung Schwark/Zimmer/*Zimmer/Kruse*, KMRK, WpHG, § 15 Rn. 59.

79 KK-WpHG/*Klöhn*, 2. Aufl., § 15 Rn. 191 f.; *ders.*, ZHR 178 (2014), 55, 75; *Gunßer*, Ad-hoc-Publizität bei Unternehmenskäufen, S. 96.

80 KK-WpHG/*Klöhn*, 2. Aufl., § 15 Rn. 191; *ders.*, ZHR 178 (2014), 55, 75.

81 KK-WpHG/*Klöhn*, 2. Aufl., § 15 Rn. 191; *ders.*, ZHR 178 (2014), 55, 75.

82 Eg. 50 Bsp. b) MMVO.

sachgerechte Bewertung der Information durch das Publikum gefährden würde. Indem die Gesetzgeber hier anstatt des Anleger- bzw. Aktionärsbegriffs, den des Publikums verwenden, müssten laut Gegenmeinung folglich auch unterschiedliche Personengruppen gemeint sein.[83] Indem nichts darauf hindeute, dass der deutsche Gesetzgeber von den europäischen Vorgaben abweichen wollte, bedürfe es somit auch keiner richtlinienkonformen Auslegung.[84] Der nationale Gesetzgeber habe den Anlegerbegriff aus § 6 S. 2 Nr. 1 WpAIV offensichtlich mit dem der aktuellen und potenziellen Aktionäre gleichsetzen wollen, ohne zu berücksichtigen, dass Anleger auch Anleihegläubiger oder Inhaber anderer Finanzinstrumente sein können.[85]

Dass die Interessen anderer Anleger aber gerade nicht gemeint sein könnten, verdeutliche sich im Weiteren, indem der primäre Zweck von § 15 Abs. 3 WpHG im Schutz der Geschäftschancen des Emittenten und dem Erhalt seiner Investitionsanreize liege.[86] Diese Geschäftschancen seien den Aktionären als Träger des Residualinteresses der Gesellschaft zugeordnet.[87] Nur sie trügen die Kosten der Investition, profitierten von der Realisierung von Geschäftschancen und litten bei Scheitern eines Projekts.[88] Folglich seien die Aktionäre die einzige Interessengruppe, aus deren Sicht das optimale Investitionsniveau bestimmt und somit auch der Zweck von § 15 Abs. 3 WpHG erreicht werden könne.[89]

Uneins sind sich die Befürworter des Aktionärsinteresses bei der Frage, ob dieses neben dem Emittenteninteresse oder anstatt eines solchen besteht. Diejenigen die ein Aktionärsinteresse neben dem Emittenteninteresse sehen, verweisen darauf, dass eine Beeinträchtigung des Emittenteninteresses und die daraus gegebenenfalls entstehenden Kostensteigerungen oder Wettbe-

---

83 KK-WpHG/*Klöhn*, 2. Aufl., § 15 Rn. 191 Fn. 241; *ders.*, ZHR 178 (2014), 55, 75 Fn. 113.

84 KK-WpHG/*Klöhn*, 2. Aufl., § 15 Rn. 185.

85 KK-WpHG/*Klöhn*, 2. Aufl., § 15 Rn. 192; *ders.*, ZHR 178 (2014), 55, 75.

86 KK-WpHG/*Klöhn*, 2. Aufl., § 15 Rn. 193; *ders.*, ZHR 178 (2014), 55, 75.

87 KK-WpHG/*Klöhn*, 2. Aufl., § 15 Rn. 193.

88 KK-WpHG/*Klöhn*, 2. Aufl., § 15 Rn. 193.

89 KK-WpHG/*Klöhn*, 2. Aufl., § 15 Rn. 193; *ders.*, ZHR 178 (2014), 55, 76; ähnlich *Gunßer*, Ad-hoc-Publizität bei Unternehmenskäufen, S. 96.

werbsnachteile, reflexartig und mittelbar auch das Aktionärsinteresse gefährdeten.[90] Dies sei im Ergebnis aber nicht erheblich, da in der Regel zwischen den beiden Interessen ein Gleichlauf bestünde.[91] Die Gegenmeinung vertritt hingegen die Ansicht, dass eine juristische Person nie selbständiger Interessenträger sei.[92] Da der Emittent demnach keine eigenen Interessen haben könne, beurteile sich sein Interesse ausschließlich aus Sicht der Aktionäre.[93]

c) Stakeholderinteressen

Nur vereinzelt wird in der Literatur vertreten, dass das Geheimhaltungsinteresse des Emittenten auch durch Interessen der Stakeholder, wie Arbeitnehmer oder Gläubiger, geprägt sein könne.[94] Dabei wird darauf hingewiesen, dass dies auch nur in Situationen relevant sei, in denen sich die Aufschubinteressen der Stakeholder von denen der Aktionäre oder Anleger unterscheiden.[95] Das sei aber selten der Fall, da vor allem Arbeitnehmer grundsätzlich im gleichen Maße an der Unternehmensrentabilität interessiert seien, wie Anteilsinhaber.[96] Interessenkonflikte könnten nur entstehen, wenn die Arbeitnehmerinteressen zugunsten der Unternehmensrentabilität beeinträchtigt würden.[97] So könne es im Arbeitnehmerinteresse liegen, von einem geplanten Stellenabbau nicht aus der Presse zu erfahren.[98] Weiter

---

90 *Gunßer*, Ad-hoc-Publizität bei Unternehmenskäufen, S. 96; *Schwintek*, Anlegerschutzverbesserungsgesetz, S. 34; ähnlich Schwark/Zimmer/*Zimmer/Kruse*, KMRK, WpHG, § 15 Rn. 59.

91 *Gunßer*, Ad-hoc-Publizität bei Unternehmenskäufen, S. 96; *Schröder*, Die Selbstbefreiung von der Ad-hoc-Publizität, S. 95.

92 KK-WpHG/*Klöhn*, 2. Aufl., § 15 Rn. 189; allg. für das Aktienrecht, Schmidt/Lutter/*Seibt*, AktG, § 76 Rn. 12.

93 KK-WpHG/*Klöhn*, 2. Aufl., § 15 Rn. 193; *ders.*, ZHR 178 (2014), 55, 76.

94 *Mehringer*, Das allg. kapitalmarktrechtliche Gleichbehandlungsprinzip, S. 112; *von Klitzing*, Die Ad-hoc-Publizität, S. 169; sehr zurückhaltend *Schröder*, Die Selbstbefreiung von der Ad-hoc-Publizität, S. 98 ff.

95 *Schröder*, Die Selbstbefreiung von der Ad-hoc-Publizität, S. 98.

96 *Schröder*, Die Selbstbefreiung von der Ad-hoc-Publizität, S. 98.

97 *Schröder*, Die Selbstbefreiung von der Ad-hoc-Publizität, S. 98.

98 *Schröder*, Die Selbstbefreiung von der Ad-hoc-Publizität, S. 98, im Ergebnis aber ablehnend.

könnten sich Betriebsräte oder Arbeitnehmervertreter seitens der Belegschaft unter Druck gesetzt fühlen, diese frühzeitig über deren Perspektiven zu informieren.[99]

Interessen von Gläubigern oder Verhandlungspartnern hingegen, kämen nach Maßgabe der BaFin schon deshalb nicht in Betracht, da es sich um Interessen außenstehender Dritter handelt.[100] Anderes könne, laut einiger Stimmen im Schrifttum, nur gelten, sofern sich die Interessen der Dritten mittelbar auch auf die des Emittenten auswirken.[101] Dies sei z. B. denkbar, wenn die Veröffentlichung der Insiderinformation ein Verstoß gegen die Pflicht zur vertraglichen Rücksichtnahme darstellt, der wiederum Schadensersatzansprüche gegenüber dem Emittenten auslösen bzw. Geschäftsbeziehungen nachhaltig schädigen kann.[102]

d) Stellungnahme

Im Ergebnis ist dem Ansatz zuzustimmen, dass ausschließlich das Interesse der Aktionäre als Maßstab für das Emittenteninteresse gelten kann. Zweck von § 15 Abs. 3 WpHG ist unter anderem der Schutz von Geschäftschancen des Emittenten und der Erhalt seiner Investitionsanreize.[103] Da nach § 271 Abs. 1 AktG ausschließlich den Aktionären das Vermögen einer Gesellschaft zusteht, sind ihnen, als Träger des Residualinteresses an der Gesellschaft, auch die Geschäftschancen zugeordnet.[104] Sofern eine vorzeitige Veröffentlichung, den Abschluss eines Geschäfts beeinträchtigt oder gar unmöglich macht,[105] sind es nur die Aktionäre, die durch entgangene Investi-

---

99 *Bruder*, Die Weitergabe von Insiderinformationen durch Arbeitnehmervertreter, S. 110 f.

100 Siehe oben, C) I) 1); BaFin, Emittentenleitfaden 2013, S. 60.

101 *Schröder*, Die Selbstbefreiung von der Ad-hoc-Publizität, S. 98; KK-WpHG/*Versteegen*, 1. Aufl., § 15 Anh. § 6 WpAIV Rn. 12; *Brandi/Süßmann*, AG 2004, 642, 650

102 *Schröder*, Die Selbstbefreiung von der Ad-hoc-Publizität, S. 99.

103 KK-WpHG/*Klöhn*, 2. Aufl., § 15 Rn. 193.

104 *Klöhn*, ZHR 178 (2014), 55, 75.

105 *Klöhn*, ZHR 178 (2014), 55, 76 f., der dies durch ein Fallbeispiel veranschaulicht.

tionsmöglichkeiten die gesamten sozialen Kosten des Verlusts etwaiger Geschäftschancen berücksichtigen.[106] Die Aussage, dass zumindest Aktionärsverkäufer kein Wohlergehen am Interesse des Emittenten haben,[107] ist schon deshalb unzutreffend, weil sich das Emittenteninteresse erst aus dem Interesse der hinter der Gesellschaft stehenden natürlichen Personen bildet.[108] Da dieses von den Aktionären bestimmt wird,[109] ist das Emittenteninteresse folglich mit dem Aktionärsinteresse gleichzusetzen.

Gläubigern und Arbeitnehmern ist es dagegen grundsätzlich gleichgültig, ob Geschäftschancen genutzt werden.[110] Gläubiger haben kein Aufschubinteresse, da sie nicht vom möglichen Erfolg eines Geschäfts profitieren, ein möglicher Misserfolg jedoch ihre Zahlungsansprüche gefährden kann.[111] Dies gilt auch für Anleihegläubiger. Diese sind zwar Anleger des Emittenten,[112] haben aber grundsätzlich kein Residualinteresse an ihm.[113] Folglich würden sich Gläubiger eher gegen jede riskante Investition des Emittenten und für die Veröffentlichung von Insiderinformationen aussprechen, gerade um die Geschäftschancen der Gesellschaft zu gefährden.[114] Dies würde aber dem Zweck von § 15 Abs. 3 WpHG zuwiderlaufen.[115]

Ähnliches gilt für Arbeitnehmer. Soweit deren Arbeitsplätze bei Scheitern des Projekts eher gefährdet wären als sie bei Gelingen sicherer würden, würden sie sich für eine Veröffentlichung aussprechen.[116] Hinzu kommt, dass Arbeitnehmerinteressen meist keinen direkten Bezug zum Publizitätsverhalten des Emittenten haben.[117] Bei einem geplanten Personalabbau wird das

---

106 *Klöhn*, ZHR 178 (2014), 55, 76 f.

107 Siehe oben, C) I) 1) a).

108 KK-WpHG/*Klöhn*, 2. Aufl., § 15 Rn. 189; allg., *Goette*, in: FS 50 Jahre BGH, 123, 127.

109 *Klöhn*, ZHR 178 (2014), 55, 77.

110 *Klöhn*, ZHR 178 (2014), 55, 75.

111 KK-WpHG/*Klöhn*, 2. Aufl., § 15 Rn. 194.

112 KK-WpHG/*Klöhn*, 2. Aufl., § 15 Rn. 192.

113 *Klöhn*, ZHR 178 (2014), 55, 76.

114 *Klöhn*, ZHR 178 (2014), 55, 76.

115 *Klöhn*, ZHR 178 (2014), 55, 76.

116 *Klöhn*, ZHR 178 (2014), 55, 77.

117 *Schröder*, Die Selbstbefreiung von der Ad-hoc-Publizität, S. 99.

schützenswerte Arbeitnehmerinteresse am Arbeitsplatzerhalt nämlich nicht durch die Veröffentlichung der Entscheidung über den Abbau beeinträchtigt, sondern durch die Entscheidung selbst.[118] Zudem kann ein Emittent selbst ein Interesse daran haben, einen möglichen Personalabbau, auch gegenüber den Arbeitnehmern, bis zur endgültigen Entscheidung geheim zu halten, damit es nicht schon im Vorfeld der Maßnahme zu erhöhter Fluktuation von Arbeitnehmern kommt.[119]

Generell können Interessen Dritter das Emittenteninteresse nur bestimmen, sofern diese zumindest indirekt Auswirkungen auf dessen Interesse haben. Allerdings bilden solche Konstellationen die Ausnahme,[120] denn selbst ein Verstoß gegen vertragliche Rücksichtnahmepflichten seitens des Emittenten[121] kann gerade durch die Ad-hoc-Publizitätspflicht gerechtfertigt sein.[122] Aber auch wenn dem nicht so ist, kommt es im Ergebnis bezüglich der Geheimhaltungsinteressen ohnehin nur auf die Aktionärsinteressen an.

Der Wortlaut von § 6 S. 2 Nr. 2 WpAIV bzw. der Marktmissbrauchsverordnung[123] lässt allerdings vermuten, dass zumindest bei den dort behandelten mehrstufigen Entscheidungsprozessen – also Sachverhalten, deren Umsetzung schrittweise von der Entscheidung mehrerer Gremien abhängt[124] – auch ein allgemeines Anlegerinteresse bzw. das Kapitalmarktinteresse ein berechtigtes Geheimhaltungsinteresse des Emittenten darstellen könnte. Dies ergibt sich daraus, dass § 6 S. 2 Nr. 2 WpAIV, anders als Nr. 1, nicht auf die Aktionäre abstellt, sondern auf eine sachgerechte Informationsbewertung durch das Publikum[125] und somit auf das Marktinteresse.[126] Dies ist allerdings fragwürdig, da es bei ausschließlichem Kapitalmarktinteresse

---

118 *Schröder*, Die Selbstbefreiung von der Ad-hoc-Publizität, S. 99.

119 *Schröder*, Die Selbstbefreiung von der Ad-hoc-Publizität, S. 99.

120 Im Ergebnis auch *Schröder*, Die Selbstbefreiung von der Ad-hoc-Publizität, S. 100.

121 Siehe oben, C) I) 1) c).

122 *Bitter*, WM 2007, 1953, 1961.

123 Eg. 50 Bsp. b) MMVO.

124 Schwark/Zimmer/*Schwark/Kruse*, KMRK, WpHG, § 13 Rn. 19.

125 Siehe oben C) I) 1) b) oder KK-WpHG/*Klöhn*, 2. Aufl., § 15 Rn. 191 Fn. 241.

126 *Zimmer*, in: FS Schwark, 669, 675; *Klöhn*, ZHR 178 (2014), 55, 82.

später nicht mehr auf eine Abwägung zwischen Emittenten- und Kapitalmarktinteresse ankäme, sondern sich der Aufschub aus einem reinen Anleger- also Kapitalmarktinteresse begründen würde.[127] § 6 S. 2 Nr. 2 WpAIV scheint bereits deshalb verfehlt, als dass ein Aufschub nur begründet ist, wenn der Anleger – bei Kenntnis, dass ein erforderlicher Beschluss des anderen Organs noch aussteht – diese Information nicht zutreffend einordnet und sich verfrüht auf die Nachricht einer scheinbar sicheren Entscheidung verlässt.[128] Gerade weil aber auf die noch ausstehende Entscheidung hingewiesen wird, wird man meist wohl von einer sachgerechten Bewertung durch das Publikum ausgehen können.[129] Folglich scheint das Kriterium der sachgerechten Bewertung durch das Publikum als Begründung für den Aufschub nur vorgeschoben.[130] Tatsächlich maßgebend ist, dass viele mehrstufige Entscheidungsprozesse der Geheimhaltung über mehrere Entscheidungsstufen hinweg bedürfen und dass diese Geheimhaltung im Hinblick auf das Interesse des Emittenten an einer ungestörten Durchführung der Transaktion Vorrang beansprucht.[131] Dies widerspricht zwar dem Wortlaut, der aber ein Zurückgreifen auf den allgemeinen Grundsatz des Art. 6 Abs. 2 MMRL, auf dem Art. 3 DRL basiert, nicht ausschließt.[132] Danach darf ein Emittent die Bekanntgabe von Insiderinformationen aufschieben, sofern die Bekanntgabe seinen berechtigten Interessen schaden könnte. Somit zielt auch das Regelbeispiel aus § 6 S. 2 Nr. 2 WpAIV auf das Interesse der Aktionäre ab.

Um eine Information aufschieben zu können, ist insgesamt festzuhalten, dass ein dafür benötigtes berechtigtes Geheimhaltungsinteresse des Emittenten, einzig durch das Aktionärsinteresse bestimmt wird. Dies schließt neben aktuellen auch potenzielle Aktionäre ein, also solche, die während der Geheimhaltungsphase Aktien des Emittenten erwerben. Die Interessen der

[127] *Zimmer*, in: FS Schwark, 669, 675.

[128] *Zimmer*, in: FS Schwark, 669, 675.

[129] *Zimmer*, in: FS Schwark, 669, 675; ähnlich KK-WpHG/*Versteegen*, 1. Aufl., § 15 Anh. § 6 WpAIV Rn. 39.

[130] Schwark/Zimmer/*Zimmer/Kruse*, KMRK, WpHG, § 15 Rn. 64.

[131] Schwark/Zimmer/*Zimmer/Kruse*, KMRK, WpHG, § 15 Rn. 64; *Zimmer*, in: FS Schwark, 669, 675.

[132] *Zimmer*, in: FS Schwark, 669, 675.

Stakeholder oder anderer Anleger können grundsätzlich nur in den seltenen Fällen mitbestimmend sein, in denen sich ihre Interessen mittelbar auch auf die des Emittenten auswirken.

2 Aktionärsinteresse an der Geheimhaltung

Indem für das Emittenteninteresse ausschließlich das Aktionärsinteresse maßgeblich ist, soll im Folgenden herausgearbeitet werden, wann diese ein Interesse am Aufschub einer Insiderinformation haben.

Problematisch bei der Ermittlung eines einheitlichen Aktionärsinteresses erscheint, dass jeder Aktionär sein individuelles Interesse davon abhängig macht, ob es sich um den Aufschub positiver oder negativer Nachrichten handelt und ob der einzelne Aktionär während der Aufschubphase Aktien erwirbt, veräußert oder behält.[133] Dass diese Interessen nicht zur Bestimmung eines einheitlichen Emittenteninteresses herangezogen werden können, begründet sich nicht nur durch ihre Diversität, sondern bereits darin, dass die Aktionäre nicht wissen, ob sie zu einer späteren Aufschubphase überhaupt mit Aktien handeln oder nicht.[134] Folglich kann ein einheitliches Aktionärsinteresse nur aus einer Ex-ante-Perspektive aller Aktionäre bestimmt werden.[135] Unabhängig vom jeweiligen Anlegerhorizont oder der individuellen Risikoeinstellung eint dabei alle Aktionäre das Ziel der Kapitalwertmaximierung der Gesellschaft.[136]

Ein Interesse am Aufschub der Ad-hoc-Publizität besteht für die Aktionäre somit dann, wenn eine vorzeitige Veröffentlichung den Fundamentalwert des Emittenten bzw. den seiner Aktien beeinträchtigt.[137] Dafür sind keine tatsächlichen Beeinträchtigungen zu verlangen, sondern mittels Prognose zu ermitteln, dass eine Beeinträchtigung wahrscheinlich zu erwarten ist.[138]

---

133 *Klöhn*, ZHR 178 (2014), 55, 78.

134 *Klöhn*, ZHR 178 (2014), 55, 78.

135 *Klöhn*, ZHR 178 (2014), 55, 78; *Macey/Miller*, 42 Stan. L. Rev. 1990, 1059, 1072.

136 *Klöhn*, ZHR 178 (2014), 55, 78; *Macey/Miller*, 42 Stan. L. Rev. 1990, 1059, 1074.

137 *Klöhn*, ZHR 178 (2014), 55, 80.

138 Schwark/Zimmer/*Zimmer/Kruse*, KMRK, WpHG, § 15 Rn. 56.

Hierfür hat der Emittent die wahrscheinlichen Kosten einer sofortigen Veröffentlichung mit dem wahrscheinlichen Nutzen abzuwägen.[139]

Wie sich der grundsätzliche Nutzen der Ad-hoc-Publizität definiert und welche möglichen Kosten ihm bei der Abwägung gegenüberzustellen sind, soll nachfolgend kurz erläutert werden. Sodann ist der Begriff der Wahrscheinlichkeit näher zu untersuchen, da strittig ist, ab welchem Wahrscheinlichkeitsgrad eine Beeinträchtigung des Aktionärsinteresses zu erwarten ist.

a) Kosten und Nutzen der Ad-hoc-Publizität aus Aktionärssicht

Die Ad-hoc-Publizität verursacht Rechtsbefolgungs-, Rechtsverfolgungs- und indirekte Kosten, die allesamt beim Emittenten entstehen.[140] Letztgenannte fallen dadurch an, dass andere Marktteilnehmer von der Publizität profitieren.[141] Dabei verhalten sich die indirekten Kosten spiegelbildlich zu den Vorteilen, welche die anderen aus der Publizitätspflicht des Emittenten ihm gegenüber erlangen, weswegen zur Bestimmung des Emittenteninteresses vor allem diese Kosten heranzuziehen sind.[142] So können indirekte Kosten den Kapitalwert[143] gefährden, da eine frühzeitige Informationsaufdeckung die Geschäftschancen des Emittenten in Frage stellt und dadurch dessen Investitionsanreize sinken[144] oder weil andere die veröffentlichte Information eventuell nutzen, um sich gegenüber dem Emittenten in eine vorteilhaftere Position zu bringen.[145] Ein Aufschub der Ad-hoc-Publizität senkt demnach die Kosten einer vorzeitigen Veröffentlichung und stellt gleichzeitig den Nutzen der Geheimhaltung dar.[146]

---

139 *Klöhn*, ZHR 178 (2014), 55, 80 f.

140 *Klöhn*, ZHR 178 (2014), 55, 71.

141 *Klöhn*, ZHR 178 (2014), 55, 71.

142 *Klöhn*, ZHR 178 (2014), 55, 79.

143 Kapitalwert = Fundamentalwert, siehe *Klöhn*, ZHR 178 (2014), 55, 87.

144 *Klöhn*, ZHR 178 (2014), 55, 72, 79 f.

145 *Klöhn*, ZHR 178 (2014), 55, 72, 79 f.; *Fox*, 95 Mich. L. Rev. 1997, 2498, 2551; *dies.*, 85 Va. L. Rev. 1999, 1335, 1345; bzgl. aller Publizitätspflichten, *Schön*, in: Schön (Hrsg.), Rechnungslegung u. Wettbewerbsschutz, S. 2.

146 Ähnlich, KK-WpHG/*Klöhn*, 2. Aufl., § 15 Rn. 199.

Im Umkehrschluss wandelt sich bei einem Aufschub der Ad-hoc-Publizität jedoch der Aktionärsnutzen wiederum in Kosten der Geheimhaltung.[147] So verringert die frühzeitige Veröffentlichung die Gefahr des Insiderhandels, bei dem Geschäftschancen, die den Aktionären zustehen, zu deren Nachteil ausgenutzt werden.[148] Zugleich wird der Vorstand motiviert, seinen Treue- und Sorgfaltspflichten nachzukommen, da die Ad-hoc-Publizität die Informationseffizienz des Aktienkurses erhöht, wodurch die Aktionäre die Arbeit des Vorstands besser beurteilen können.[149] Langfristig profitieren Aktionäre somit durch die regelmäßige Ad-hoc-Publizität, da ein Vorstand, der im Aktionärsinteresse handelt, die Investitionsbereitschaft neuer Anleger auf dem Primärmarkt stärkt und somit die Kapitalkosten des Emittenten senkt.[150]

Der Eintritt eines solch möglichen Nutzens ist letztlich also nur den zu erwartenden indirekten Kosten einer sofortigen Veröffentlichung gegenüberzustellen. Ist es wahrscheinlich, dass diese den Nutzen überwiegen und somit den Fundamentalwert gefährden, liegt ein Aufschub im Interesse der Aktionäre.[151]

b) Erforderliche Höhe des Wahrscheinlichkeitsgrads

Bei der Frage, ob eine vorzeitige Veröffentlichung zu einer wahrscheinlichen Beeinträchtigung des Aktionärsinteresses führt, ist strittig, wie hoch die Wahrscheinlichkeit einer Beeinträchtigung sein muss, um ein Geheimhaltungsinteresse zu rechtfertigen.

Vereinzelt wird vertreten, dass für eine Beeinträchtigung bereits eine gewisse Wahrscheinlichkeit ausreiche, da bereits dann grundsätzlich ein Geheimhaltungsinteresse beim Emittenten bestehe.[152] Dies leite sich aus Art. 6 Abs. 2 MMRL ab, nach der eine Insiderinformation aufgeschoben werden

---

[147] Ähnlich, KK-WpHG/*Klöhn*, 2. Aufl., § 15 Rn. 200.

[148] *Klöhn*, ZHR 178 (2014), 55, 69.

[149] *Klöhn*, ZHR 178 (2014), 55, 68.

[150] *Klöhn*, ZHR 178 (2014), 55, 69.

[151] *Klöhn*, ZHR 178 (2014), 55, 87 f.

[152] KK-WpHG/*Versteegen*, 1. Aufl., § 15 Anh. § 6 WpAIV Rn. 13; *Pattberg/Bredol*, NZG 2013, 87, 89.

darf, sobald eine Information den berechtigten Interessen des Emittenten auch nur schaden könnte.[153]

Andere sind der Meinung, dass für eine Beeinträchtigung des Emittenteninteresses, aus Sicht eines vernünftigen und börsenkundigen Kapitalmarktteilnehmers, zumindest eine überwiegende Wahrscheinlichkeit – also eine Wahrscheinlichkeit von über 50 %[154] – vorliegen müsse.[155]

Eine Dritte Meinung macht die Wahrscheinlichkeit der Beeinträchtigung von der Größe der erwarteten Auswirkung bzw. Werteinbuße abhängig, die dem Emittenten im Falle der sofortigen Veröffentlichung droht.[156] Dazu wird darauf verwiesen, dass starre Wahrscheinlichkeitsanforderungen, die den möglichen Ereigniseintritt – hier also die Beeinträchtigung der Werteinbuße – von fixen Schwellenwerten abhängig machten, ohne das Ausmaß der Beeinträchtigung zu berücksichtigen, für die Wahrscheinlichkeitsbewertung nicht angebracht seien.[157]

Die Vertreter der jeweiligen Meinungen, lassen diese in Bezug auf die Emittentenbeeinträchtigung meist unbegründet[158] oder verweisen auf ihre Ausführungen, bezüglich der Diskussion um den Begriff der hinreichenden Wahrscheinlichkeit nach § 13 Abs. 1 S. 3 WpHG[159] Diese Diskussion lässt sich allerdings nicht eins zu eins auf die Frage übertragen, wie wahrscheinlich eine Beeinträchtigung durch die Veröffentlichung sein muss, um ein Geheimhaltungsinteresse anzunehmen. Demnach soll nur anhand der dortigen verallgemeinerungsfähigen Argumente untersucht werden, welcher Wahrscheinlichkeitsmaßstab ein solches Interesse begründet.

---

153 KK-WpHG/*Versteegen*, 1. Aufl., § 15 Anh. § 6 WpAIV Rn. 13.

154 BGH, NJW-RR 2008, 865, 2. Leitsatz.

155 Assmann/Schneider/*Assmann*, WpHG, § 15 Rn. 150; Schwark/Zimmer/*Zimmer/Kruse*, KMRK, WpHG, § 15 Rn. 56; *Zimmer*, in: FS Schwark, 669, 672.

156 *Klöhn*, ZHR 178 (2014), 55, 80, 81, 89.

157 *Klöhn*, ZHR 178 (2014), 55, 80, 81.

158 Assmann/Schneider/*Assmann*, WpHG, § 15 Rn. 150; Schwark/Zimmer/*Zimmer/Kruse*, KMRK, WpHG, § 15 Rn. 56.

159 *Klöhn*, ZHR 178 (2014), 55, 80.

Diejenigen, die die Eintrittswahrscheinlichkeit vom Ausmaß der erwarteten Auswirkungen abhängig machen, greifen dabei auf die, aus dem US-amerikanischen Recht stammende, Probability/Magnitude-Formel zurück.[160] Diese besagt allgemein, dass, je höher der zu erwartende Kursausschlag bei Bekanntgabe einer Tatsache ausfallen würde, desto geringer die Wahrscheinlichkeit ihrer Verwirklichung sein muss, um die Kurserheblichkeit dieser Tatsache zu begründen.[161] Beide Merkmale würden sich somit gegenseitig beeinflussen, wodurch die Wahrscheinlichkeit nicht ohne die Kursauswirkung betrachtet werden könne.[162] Da verständige Anleger mögliche Auswirkungen eines Ereignisses in ihr Investitionskalkül miteinbeziehen,[163] sollten gerade bei extrem kursrelevanten Informationen auch geringe Eintrittswahrscheinlichkeiten genügen.[164]

Die Gegenansicht erwidert, dass die Formel auf höchst theoretischen Annahmen über die Kapitalmarktentwicklung und das rationale Verhalten von Anlegern beruhe.[165] So setze der Test voraus, dass Anleger bzw. hier die Aktionäre, Informationen immer zutreffend gewichten.[166] Dies sei problematisch, da Informationen, die bei Eintritt einen hohen Einfluss auf das Geschäftsergebnis hätten, deren Eintritt aber unwahrscheinlich ist, eher überbewertet würden.[167] Im Rahmen von § 13 Abs. 1 WpHG. würde die Anwendung der Formel des Weiteren dazu führen, dass selbst unwahrscheinlichste Ereignisse eine Insiderinformation begründen, sofern die Auswirkung gegebenenfalls nur beachtlich genug sei.[168] Übertragen auf das Geheimhaltungsinteresse, könnte ein solches demnach auch bestehen, obwohl die Wahrscheinlichkeit einer Beeinträchtigung an sich gering ist.

---

160 *Klöhn*, ZHR 178 (2014), 55, 80, 81, 80.

161 *Langenbucher*, BKR 2012, 145, 147.

162 *Hupka*, EuZW 2011, 860. 865.

163 Eg. 1 DRL.

164 *Hupka*, EuZW 2011, 860. 865.

165 Assmann/Schneider/*Assmann*, WpHG, § 13 Rn. 25b.

166 *Klöhn*, Kapitalmarkt, Spekulation u. Behavioral Finance, S. 234, der im Ergebnis die Probability/Magnitude-Formel aber befürwortet.

167 *Klöhn*, Kapitalmarkt, Spekulation u. Behavioral Finance, S. 234.

168 Assmann/Schneider/*Assmann*, WpHG, § 13 Rn. 25b; *Klöhn*, NZG 2011, 166, 168.

In Bezug auf § 13 Abs. 1 S. 3 WpHG. wäre die Anwendung der Probability/Magnitude-Formel allenfalls mit der informationellen Chancengleichheit als Prinzip des Insiderrechts zu begründen, da Marktteilnehmer auch dann einen Informationsvorsprung haben und diesen auf Kosten uninformierter Anleger ausnutzen können, wenn das zukünftige Ereignis eine starre Mindestwahrscheinlichkeit nicht erreicht hat, wodurch der Schutzzweck der Chancengleichheit unterlaufen würde.[169] Dieser ergibt sich mittelbar sowohl aus der MMRL als auch der kommenden MMVO, die den Insiderhandel verbieten, um das Vertrauen der Anleger in die Integrität der Finanzmärkte zu stärken.[170]

Angewandt auf die Frage, wie wahrscheinlich die Beeinträchtigung des Emittenteninteresses sein muss, um ein Geheimhaltungsinteresse zu bejahen, verbietet sich die Anwendung der Probability/Magnitude-Formel aber gerade aus dem Grund der informationellen Chancengleichheit. Wenn der Emittent schon bei geringer Wahrscheinlichkeit einer Beeinträchtigung seines Fundamentalwerts, die Veröffentlichung aufschieben dürfte, würde dies der Zielrichtung der Marktmissbrauchsrichtlinie zuwiderlaufen. Dementsprechend muss bei der Ex-ante-Prognose immer berücksichtigt werden, dass ein Aufschub die Ausnahme der grundsätzlich geforderten Publizitätspflicht darstellt und dem Markt kursrelevante Informationen vorenthält.[171] Folglich liegt ein Geheimhaltungsinteresse erst vor, wenn eine Beeinträchtigung durch die Veröffentlichung überwiegend wahrscheinlich ist, unabhängig vom Ausmaß der Beeinträchtigung.

Mithin ist ein Geheimhaltungsinteresse anzunehmen, wenn eine Beeinträchtigung des Aktionärsinteresses überwiegend wahrscheinlich ist. Das tatsächliche Ausmaß der möglichen Beeinträchtigung ist für den Wahrscheinlichkeitsmaßstab auszublenden.

---

[169] *Klöhn*, ZIP 2012, 1885, 1888.

[170] Eg. 2 und 12 MMRL; Eg. 2, 4 und 8 MMVO; EuGH, Spector Photo Group NV, Rs. C-45/08, Slg. 2009, I-12073, Rn. 47, ohne den Begriff der Chancengleichheit zu verwenden; *Klöhn*, NZG 2011, 166, 168 f.

[171] *Zimmer*, in: FS Schwark, 669, 672.

Für das Geheimhaltungsinteresse lässt sich letztlich zusammenfassen, dass die Aktionäre ein solches besitzen, wenn die erwarteten Kosten einer vorzeitigen Veröffentlichung ihren erwarteten Nutzen wahrscheinlich übersteigen und somit den Fundamentalwert der Aktien gefährden. Der Eintritt einer Beeinträchtigung, ist ex ante aus Sicht eines vernünftigen und börsenkundigen Anlegers zu prognostizieren und muss dabei überwiegend wahrscheinlich sein.

3 Kapitalmarktinteresse an der Veröffentlichung

Für die Frage, ob der Emittent ein schutzwürdiges Aufschubinteresse hat, müssen neben seinem Geheimhaltungsinteresse auf der anderen Seite auch die Interessen des Kapitalmarkts berücksichtigt werden. Dass der Kapitalmarkt kein eigenes Interesse hat, sondern sich dieses aus den Interessen der Marktteilnehmer zusammensetzt, verdeutlicht sich durch dem Begriff des Publikums aus § 6 S. 2 Nr. 2 WpAIV.[172] Dieses besteht aus einer sehr heterogenen Gruppe von Marktteilnehmern.[173] Da es in § 15 Abs. 3 WpHG einzig um das Informationsinteresse des Markts geht, lassen sich die Marktteilnehmer diesbezüglich aber in zwei große Interessengruppen unterteilen: die Informationshändler und die Utilitätshändler.[174] Da diese in sehr unterschiedlichem Maße von der Ad-hoc-Publizität profitieren,[175] soll herausgearbeitet werden, welche Interessen die jeweiligen Gruppen an einer Informationsveröffentlichung haben.

a) Informationshändler

Informationshändler zeichnen sich dadurch aus, den Markt nach kursrelevanten Informationen zu durchsuchen, diese zu analysieren, um sich daraus einen Informationsvorteil in Form von Arbitragemöglichkeiten gegenüber anderen Marktteilnehmern zu verschaffen.[176] Diese Profitmöglichkeiten

---

172 *Klöhn*, ZHR 178 (2014), 55, 82.

173 *Klöhn*, ZHR 178 (2014), 55, 82, mit einer Aufzählung der Marktteilnehmer.

174 *Klöhn*, ZHR 178 (2014), 55, 82.

175 *Klöhn*, ZHR 178 (2014), 55, 64.

176 *Klöhn*, ZHR 178 (2014), 55, 65.

entstehen, indem die Händler nach Finanzinstrumenten suchen, deren Börsenwert verglichen mit ihrem Fundamentalwert unterbewertet ist, um sie wieder zu verkaufen, sobald die Wertpapiere überbewertet sind.[177] Indem dabei Such- und Analysekosten anfallen,[178] profitieren Informationshändler von der Informationsoffenlegung des Emittenten, da eine unverzügliche Publizitätspflicht die Such- und Analysekosten der Informationshändler senkt.[179] In diesem Zusammenhang erhöht die Ad-hoc-Publizität die Informationseffizienz des Marktes und damit die durchschnittliche Einschätzungsgenauigkeit der Informationshändler.[180] Dadurch wird das Risiko gesenkt, sich uneins über den wahren Wert eines Finanzinstruments zu sein und somit die Gefahr kostspieliger Spekulationsgeschäfte zwischen den Informationshändlern verringert.[181] Darüber hinaus entlarvt die Ad-hoc-Publizität Falschmeldungen über geheim gehaltene Tatsachen und senkt für Informationshändler das Risiko Opfer von Irreführung, Insiderhandel und Marktmanipulation zu werden.[182]

b) Utilitätshändler

Anders als Informationshändler gehen Utilitätshändler nicht in den Kapitalmarkt, um Informationen auszubeuten, sondern um als Portfolio-Investor Geld in ein diversifiziertes Portfolio anzulegen und die übliche Marktrendite zu erzielen oder um sich als Hedger gegen Risiken zu versichern.[183] Da Utilitätshändler mithin nicht nach Informationen suchen, um Arbitragemöglichkeiten auszubeuten, bleiben sie rational uninformiert.[184] Folglich profitieren sie auch in deutlich geringerem Maße von der Ad-hoc-Publizität.[185] Zudem spüren Utilitätshändler die Risiken einer Geheimhaltung weniger als

---

[177] *Klöhn*, ZHR 177 (2013), 349, 354.
[178] *Klöhn*, ZHR 177 (2013), 349, 354 f.
[179] *Klöhn*, ZHR 178 (2014), 55, 65.
[180] *Klöhn*, ZHR 178 (2014), 55, 66.
[181] *Klöhn*, ZHR 178 (2014), 55, 66.
[182] *Klöhn*, ZHR 178 (2014), 55, 66 f.
[183] *Klöhn*, ZHR 178 (2014), 55, 67; detailliert *Harris*, Trading & Exchanges, S. 178, 182 f.
[184] *Klöhn*, ZHR 178 (2014), 55, 67.
[185] *Klöhn*, ZHR 178 (2014), 55, 67.

Informationshändler, sofern sie durch Portfoliodiversifizierung solche Risiken abschwächen können.[186] Ihr Interesse an der Ad-hoc-Publizität besteht somit grundsätzlich nur darin, dass Märkte mit hoher Informationseffizienz auch eine höhere Liquidität aufweisen, wodurch folglich die Handelskosten – also alle mit dem Handel verbundenen Aufwendungen[187] – sämtlicher Marktteilnehmer niedriger sind.[188]

Kurzum besteht das Informationsinteresse des Kapitalmarkts zum einen aus dem Interesse aller Händler an der Senkung der Handelskosten. Primär wird das Kapitalmarktinteresse aber durch die Informationshändler bestimmt, da diese darüber hinaus sowohl ein Interesse an der Senkung ihrer Such- und Analysekosten haben, als auch an der Senkung ihrer Spekulations-, Irreführungs-, Insider- und Marktmanipulationsrisiken.

4 Interessenabwägung

Um letzten Endes ein berechtigtes Emittenteninteresse nach § 15 Abs. 3 S. 1 WpHG zu rechtfertigen, muss nach § 6 S. 1 WpAIV dessen Geheimhaltungsinteresse die Kapitalmarktinteressen an einer zeitnahen und vollständigen Veröffentlichung überwiegen. Die herrschende Meinung hält diese Definition für zulässig,[189] teils ohne sie weiter zu problematisieren.[190] Andere lehnen eine Interessenabwägung hingegen ab, da es entweder nur auf

186 *Klöhn*, ZHR 178 (2014), 55, 67.

187 *Klöhn*, Kapitalmarkt, Spekulation u. Behavioral Finance, S. 74 f.

188 *Klöhn*, ZHR 178 (2014), 55, 67, 82; ähnlich *ders.*, Kapitalmarkt, Spekulation u. Behavioral Finance, S. 155.

189 KK-WpHG/*Klöhn*, 2. Aufl., § 15 Rn. 226 ff.; *Schröder*, Die Selbstbefreiung von der Ad-hoc-Publizität, S. 120 ff.; *Veith*, NZG 2005, 254, 256 f.

190 BaFin, Emittentenleitfaden 2013, S. 60; Assmann/Schneider/*Assmann*, WpHG, § 15 Rn.155 f.; Fuchs/*Pfüller*, WpHG, § 15 Rn. 351, 356 f.; *Stoppel*, in: Grunewald/Schlitt (Hrsg.), Einführung in das Kapitalmarktrecht, S. 280 f.; *Langenbucher*, Aktien- u. Kapitalmarktrecht, § 17 Rn. 34; *Pattberg/Bredol*, NZG 2013, 87, 90; *Harbath*, ZIP 2005, 1898, 1904.

das Geheimhaltungsinteresse des Emittenten ankomme[191] oder statt der Abwägung ein Interessengleichlauf zu verlangen sei[192] oder der Abwägungsbegriff nur beschreibenden Charakter für die Selbstbefreiung insgesamt habe.[193] Letztere Meinung ist bereits deswegen abzulehnen, da diese klar dem Wortlaut von § 6 S. 1 WpAIV widerspricht, der sich ausschließlich nur auf das berechtigte Interesse bezieht.[194] Dass auch die anderen Gründe, nach denen eine Abwägung abzulehnen sei, nicht überzeugen, soll im Folgenden belegt werden. Im Anschluss daran wird festgestellt, welche Kapitalmarktinteressen für die Interessenabwägung eine Rolle spielen und wie diese dabei zu gewichten sind.

a) Erforderlichkeit der Interessenabwägung

Die verbliebenen Meinungen, die eine Interessenabwägung ablehnen, begründen ihre jeweiligen Ansichten mithilfe richtlinienkonformer Auslegung von § 15 Abs. 3 WpHG.[195] Die Auffassung, die daraus schlussfolgert, dass es einzig auf das berechtigte Interesse des Emittenten ankomme, unterstreicht dies damit, dass bereits Art. 6 Abs. 2 MMRL keine zusätzliche Abwägung mit den Kapitalmarktinteressen fordere.[196] Die Mitgliedsstaaten könnten die Publizitätsanforderungen somit nicht einfach verschärfen, da die Marktmissbrauchsrichtlinie keine bloße Mindestharmonisierung vorsehe.[197] Hinzu könne man schon aufgrund der Verschiedenartigkeit der Interessen, vom Emittenten nicht verlangen, durch Ermessensausübung maßgebliche Belange zusammenzutragen und zu gewichten.[198] Nach § 6 S. 1

---

191 KK-WpHG/*Versteegen*, 1. Aufl., § 15 Anh. § 6 WpAIV Rn. 7, 16 ff.

192 *Kersting*, in: Schön (Hrsg.), Rechnungslegung u. Wettbewerbsschutz, S. 483 ff.; *ders.*, ZBB/ JBB 2011, 442 ff.

193 *Schneider*, BB 2005, 897, 899.

194 *Schröder*, Die Selbstbefreiung von der Ad-hoc-Publizität, S. 124 f.

195 KK-WpHG/*Versteegen*, 1. Aufl., § 15 Anh. § 6 WpAIV Rn. 16; *Kersting*, in: Schön (Hrsg.), Rechnungslegung u. Wettbewerbsschutz, S. 486; *ders.*, ZBB/JBB 2011, 445.

196 KK-WpHG/*Versteegen*, 1. Aufl., § 15 Anh. § 6 WpAIV Rn. 16.

197 KK-WpHG/*Versteegen*, 1. Aufl., § 15 Anh. § 6 WpAIV Rn. 16; allg. zur Umsetzung der EU-Vorgaben in § 6 WpAIV, *Möllers*, WM 2005, 1393, 1395 ff., insbesondere 1396.

198 KK-WpHG/*Versteegen*, 1. Aufl., § 15 Anh. § 6 WpAIV Rn. 18.

WpAIV sei vielmehr erforderlich, dass das Geheimhaltungsinteresse das Kapitalmarktinteresse tatsächlich objektiv überwiegt. Neben Geheimhaltungsinteressen beim Emittenten bedürfe es somit keiner weiteren Anforderungen.[199]

Die Meinung, die anstatt einer Abwägung einen Gleichlauf von Emittenten- und Kapitalmarktinteressen fordert, stützt ihre Ansicht auf § 6 S. 2 WpAIV.[200] So ergebe sich bereits aus dem Wortlaut von § 6 S. 2 Nr. 1 WpAIV und dessen europäischer Vorgabe des Art. 3 Abs. 1 lit. a) DRL, dass ein Aufschub auch im Anleger-, also im Kapitalmarktinteresse zu erfolgen habe.[201] Auch § 6 S. 2 Nr. 2 WpAIV fordere keine Abwägung, da dieser einzig auf das Publikum abstelle und das Emittenteninteresse dadurch sogar nur eine untergeordnete Rolle spiele.[202] § 6 S. 1 WpAIV verlange dagegen zwar eine Abwägung. Da Art. 3 Abs. 1 DRL aber kein europäisches Äquivalent zu § 6 S. 1 WpAIV enthalte, sondern nur zu den Regelbeispielen von § 6 S. 2 WpAIV, sei Satz 1 als europarechtswidrig nicht anzuwenden und müsse sogar als nichtig anzusehen sein, da er gegen § 15 Abs. 3 WpHG als höherrangiges Recht verstieße.[203] Dieser müsse sich zur Auslegung nämlich an den europäischen Vorgaben aus Art. 6 Abs. 2 MMRL und Art. 3 Abs. 1 DRL orientieren, welche das Erfordernis eines Interessengleichlaufs verlangten.[204]

Dass der nationale Gesetzgeber die europäischen Vorgaben mit der Forderung einer Abwägung in § 6 S. 1 WpAIV unzulässigerweise verschärft habe, wird von anderer Seite entgegnet, dass die Richtlinien eine Abwägung zwischen den Interessen nicht ausdrücklich verbieten.[205] Da die Marktmiss-

---

199 KK-WpHG/*Versteegen*, 1. Aufl., § 15 Anh. § 6 WpAIV Rn. 16.

200 *Kersting*, in: Schön (Hrsg.), Rechnungslegung u. Wettbewerbsschutz, S. 484; *ders.*, ZBB/JBB 2011, 444.

201 *Kersting*, in: Schön (Hrsg.), Rechnungslegung u. Wettbewerbsschutz, S. 484; *ders.*, ZBB/JBB 2011, 444; zur Begründung bereits oben, C) I) 1) a).

202 *Kersting*, in: Schön (Hrsg.), Rechnungslegung u. Wettbewerbsschutz, S. 485; *ders.*, ZBB/JBB 2011, 444.

203 *Kersting*, ZBB/ JBB 2011, 445.

204 *Kersting*, ZBB/ JBB 2011, 445.

205 *Schröder*, Die Selbstbefreiung von der Ad-hoc-Publizität, S. 122.

brauchsrichtlinie darüber hinaus selbst keine Definition liefert, ist die nationale Definition in § 6 S. 1 WpAIV per se nicht unzulässig.[206] In dieser fordert der Begriff „überwiegt" auch kein rein tatsächlich objektives Überwiegen, sondern berechtigt zu einer Interessenabwägung.[207] Solch eine Güterabwägung beschreibt allgemein einen Prozess, an dessen Ende das höherrangige Rechtsgut Vorrang gegenüber dem niederrangigeren hat[208] und somit ein Interesse das andere überwiegt.[209] Beispielhaft wird dazu auf das Auskunftsverweigerungsrecht des § 131 Abs. 3 Nr. 1 AktG verwiesen,[210] nach dem der Vorstand den Aktionären die Auskunft verweigern darf, sofern die Auskunft zu einem nicht unerheblichen Nachteil bei der Gesellschaft führt. Für diese mit dem Aufschub der Ad-hoc-Publizität systematisch vergleichbare Norm,[211] wird allgemein, entgegen ihres Wortlauts, ebenfalls eine Gesamtabwägung der Vor- und Nachteile gefordert,[212] da allein ein drohender Nachteil für ein Auskunftsverweigerungsrecht nicht ausreicht.[213]

Dementsprechend ist sich der Meinung anzuschließen, dass für die berechtigten Interessen nach § 15 Abs. 3 WpHG eine Interessenabwägung vorzunehmen ist. Zwar verlangen die europäischen Vorgaben eine solche nicht explizit, da Art. 6 Abs. 2 MMRL die berechtigten Interessen aber nicht definiert und Art. 3 Abs. 1 DRL lediglich nicht abschließende Fallbeispiele beinhaltet, ist die Definition des Begriffs der berechtigten Interessen aus Art. 6 Abs. 2 MMRL zulässigerweise in § 6 S. 1 WpAIV normiert.[214] Indem Art. 3 Abs. 1 DRL neben einer Beeinträchtigung des Emittenteninteresses keine zusätzliche Beeinträchtigung des Kapitalmarktinteresses und somit

---

[206] *Schröder*, Die Selbstbefreiung von der Ad-hoc-Publizität, S. 122.

[207] *Schröder*, Die Selbstbefreiung von der Ad-hoc-Publizität, S. 123.

[208] *Schmitt Glaeser*, in: Tilch/Arloth (Hrsg.), Deutsches Rechts-Lexikon, S. 2116.

[209] *Schröder*, Die Selbstbefreiung von der Ad-hoc-Publizität, S. 123.

[210] *Schröder*, Die Selbstbefreiung von der Ad-hoc-Publizität, S. 123.

[211] *Schröder*, Die Selbstbefreiung von der Ad-hoc-Publizität, S. 123.

[212] BGH, BGHZ 86, 1, 19; Schmidt/Lutter/*Spindler*, AktG, § 131 Rn. 76; Hüffer/*Koch*, AktG, § 131 Rn. 27; MüKo-AktG/*Kubis*, § 131 Rn. 111.

[213] *Schröder*, Die Selbstbefreiung von der Ad-hoc-Publizität, S. 123.

[214] *Schröder*, Die Selbstbefreiung von der Ad-hoc-Publizität, S. 122.

keinen Interessengleichlauf verlangt,[215] verstößt § 6 S. 1 WpAIV weder gegen Europarecht, noch gegen § 15 Abs. 3 WpHG, da diesem bei richtlinienkonformer Auslegung mithin auch kein Erfordernis eines Interessengleichlaufs zugrunde liegt. Darüber hinaus dient das Konzept der Ad-hoc-Publizität allgemein der Funktionsfähigkeit des Kapitalmarkts, wonach dessen Interesse für eine zeitweilige Selbstbefreiung folglich auch mit einbezogen werden muss.[216]

Folglich ist die in § 6 S. 1 WpAIV normierte Interessenabwägung weder eine unzulässige Verschärfung und schon gar kein Verstoß gegen europäische Vorgaben.

Auch die neue MMVO hat den Begriff der berechtigten Interessen nicht definiert. Da sie aber die nicht abschließende Aufzählung aus Art. 3 Abs. 1 DRL nahezu unverändert übernommen hat[217] und die WpAIV weiterhin Geltung besitzt, ist auch zukünftig eine Interessenabwägung vorzunehmen.

b) Gewichtung der Kapitalmarktinteressen bei der Interessenabwägung

Da eine Interessenabwägung zwischen den Aktionärsinteressen und den Kapitalmarktinteressen somit zulässig ist, soll im weiteren Verlauf ermittelt werden, welche der oben ermittelten Kapitalmarktinteressen[218] für die Abwägung eine eigenständige Bedeutung haben und anhand welcher Parameter diese das Emittenteninteresse überwiegen können.

(1) Die für die Abwägung relevanten Kapitalmarktinteressen

Für die Abwägungsentscheidung sind nicht alle Marktinteressen zu beachten, da einige bereits im Zusammenhang mit den anderen beiden Tatbestandsvoraussetzungen von § 15 Abs. 3 S. 1 WpHG – keine Irreführungsgefahr für die Öffentlichkeit und Gewährleistung der Vertraulichkeit – mit zu

---

215 Zur Begründung siehe oben, C) I) 1) b) und d).

216 *Schröder*, Die Selbstbefreiung von der Ad-hoc-Publizität, S. 122.

217 Eg. 50 MMVO.

218 Siehe oben, C) I) 3).

berücksichtigen sind.[219] So werden das Interesse an der Senkung des Irreführungsrisikos und des Marktmanipulationsrisikos bereits vom Merkmal der Irreführungsgefahr abgedeckt,[220] während das Insiderrisiko häufig schon bei bestehender Vertraulichkeit gebannt ist.[221]

Daneben ist auch das Spekulationsrisiko für die Abwägung ungeeignet, weil der Emittent kaum bemessen kann, inwieweit sein Fundamentalwert vom Markt richtig bewertet wird und wie stark die Abweichung durch die Veröffentlichung verringert würde.[222] Ähnlichen Bewertungsunsicherheiten sind auch die Handels- und Analysekosten unterworfen, da oft schon nicht einzuschätzen ist, inwiefern diese überhaupt vom Aufschub betroffen sind.[223]

Folglich verbleiben für die Abwägung mit dem Emittenteninteresse auf Kapitalmarktseite grundsätzlich nur die Interessen an der Senkung der Suchkosten und der Senkung des Insiderrisikos, sofern dieses so hoch ist, dass es trotz Gewährleistung der Vertraulichkeit weiter besteht.[224]

Sind die für die Abwägung relevanten Kapitalmarktinteressen ermittelt, sagt dies allerdings weiterhin nichts darüber aus, unter welchen Umständen sie das Geheimhaltungsinteresse überwiegen. Dies soll mithin im Folgenden geschehen.

(2) Überwiegen der relevanten Kapitalmarktinteressen

Bei der Beantwortung der Frage, wann das Marktinteresse im Einzelfall das Emittenteninteresse überwiegt, kann die Bildung inadäquater Marktpreise

---

219 *Schröder*, Die Selbstbefreiung von der Ad-hoc-Publizität, S. 124; *Klöhn*, ZHR 178 (2014), 55, 90; *Parmentier*, NZG 2007, 407, 415.

220 *Klöhn*, ZHR 178 (2014), 55, 90; ähnlich *Schröder*, Die Selbstbefreiung von der Ad-hoc-Publizität, S. 124.

221 *Klöhn*, ZHR 178 (2014), 55, 90; ähnlich *Schröder*, Die Selbstbefreiung von der Ad-hoc-Publizität, S. 124.

222 *Klöhn*, ZHR 178 (2014), 55, 91.

223 *Klöhn*, ZHR 178 (2014), 55, 90 f.

224 *Klöhn*, ZHR 178 (2014), 55, 91 f.

nicht für ein Überwiegen des Marktinteresses ausschlaggebend sein.[225] Solche „Falschentwicklungen“ des Börsenkurses sind zwangsläufige Folge des Aufschubs und können somit nicht für sich allein das Aufschubinteresse des Emittenten entfallen lassen.[226] Sind dagegen bereits Informationen oder Gerüchte über die verschwiegene Insiderinformation an die Öffentlichkeit gelangt oder ist die Aufschubphase verhältnismäßig lang, kann dies schon eher für ein Überwiegen des Kapitalmarktinteresses sprechen.[227] Warum speziell diese Parameter für das Ergebnis einer Interessenabwägung entscheidend sind und wann sie zu einem Überwiegen der Kapitalmarktinteressen führen, ist im Folgenden demnach aufzuzeigen.

(aa) Kursieren von Gerüchten

Dass Gerüchte überhaupt eine Veröffentlichungspflicht nach § 15 Abs. 1 S. 1 WpHG auslösen können, wird von einigen Vertretern im Schrifttum abgelehnt, da Gerüchte keine Insiderinformationen nach § 13 Abs. 1 S. 1 WpHG seien;[228] und somit wohl auch nicht nach Art. 7 Abs. 1 MMVO. So würden Gerüchte schon das Merkmal der Konkretheit nicht erfüllen, da sie lediglich vage Informationen darstellten.[229] Folglich würden sie von verständigen Anlegern bei deren Anlageentscheidung nach § 13 Abs. 1 S. 2 WpHG ohnehin nicht berücksichtigt.[230]

---

225 So aber *Veith*, NZG 2005, 254, 257; Schäfer/Hamann/*Geibel/Schäfer*, KMG, WpHG, § 15 Rn. 130 f.

226 Assmann/Schneider/*Assmann*, WpHG, § 15 Rn. 156; *Schröder*, Die Selbstbefreiung von der Ad-hoc-Publizität, S. 125.

227 *Klöhn*, ZHR 178 (2014), 55, 83.

228 Assmann/Schneider/*Assmann*, WpHG, § 13 Rn. 17; *Schwintek*, Das Anlegerschutzverbesserungsgesetz, S. 19 f.; *Merkner/Sustmann*, NZG 2005, 729, 731.

229 Assmann/Schneider/*Assmann*, WpHG, § 13 Rn. 17; *Schwintek*, Das Anlegerschutzverbesserungsgesetz, S. 19 f.

230 *Merkner/Sustmann*, NZG 2005, 729, 731.

Die Gegenmeinung qualifiziert ein Gerücht zumindest dann als Insiderinformation, wenn ihm ein Tatsachenkern zu Grunde liegt[231] und darauf basierend Preisbeeinflussungspotenzial zukommt.[232] Dieser Meinung ist sich anzuschließen, da Gerüchte durchaus Informationen über konkrete Umstände beinhalten können.[233] Ob der Tatsachenkern wahr ist, ist dabei grundsätzlich irrelevant.[234] Stellt ein Gerücht eine konkrete Information dar, ist entscheidend, ob verständige Anleger, abhängig von der Quelle des Gerüchts, den nachprüfbaren Fakten und der Verfassung der Märkte und des Emittenten, nach § 13 Abs. 1 S. 2 WpHG auf Grundlage des Gerüchts handeln würden.[235]

In diesem Zusammenhang können Gerüchte nicht nur Handelsaktivitäten auslösen, sondern Informationshändler vor allem dazu veranlassen, den Sachverhalt aufzuklären und intensiver nach der Information zu suchen, was zu steigenden Suchkosten führt, die auf Dauer das Kapitalmarktinteresse überwiegen lassen können.[236] Stellen Gerüchte Insiderinformationen dar, spielt dies im Rahmen der Abwägung jedoch nur eine Rolle, wenn der Aufschub nicht bereits nach einem der anderen beiden Tatbestandsmerkmale von § 15 Abs. 3 S. 1 WpHG aufgrund kursierender Gerüchte scheitert.[237] Das Gerücht löst also weder ein Irreführungsrisiko aus, noch ist es durch

---

231 VGH Kassel, NJW-RR 1999, 120, 121; BaFin, Emittentenleitfaden 2013, S. 33; vertiefend *Fleischer/Schmolke*, AG 2007, 841, 844 ff.; *Hopt*, in: Schimansky/Bunte/Lwowski (Hrsg.), BankR-HB, § 107 Rn. 24; *Schröder*, Die Selbstbefreiung von der Ad-hoc-Publizität, S. 59; *Buck-Heeb*, Kapitalmarktrecht, Rn. 269; *Kümpel/Veil*, WpHG, S. 56 Rn. 23; differenziert *Klöhn*, Kapitalmarkt, Spekulation u. Behavioral Finance, S. 237 f. und Schwark/Zimmer/*Schwark/Kruse*, KMRK, WpHG, § 13 Rn. 21 ff.

232 BaFin, Emittentenleitfaden 2013, S. 33; *Fleischer/Schmolke*, AG 2007, 841, 847.

233 *Buck-Heeb*, Kapitalmarktrecht, Rn. 269.

234 BaFin, Emittentenleitfaden 2013, S. 33; *Hopt*, in: Schimansky/Bunte/ Lwowski (Hrsg.), BankR-HB, § 107 Rn. 24; *Fleischer/Schmolke*, AG 2007, 841, 848.

235 BaFin, Emittentenleitfaden 2013, S. 33; *Hopt*, in: Schimansky/Bunte/ Lwowski (Hrsg.), BankR-HB, § 107 Rn. 24; *Fleischer/Schmolke*, AG 2007, 841, 847.

236 *Klöhn*, ZHR 178 (2014), 55, 83, 93.

237 *Klöhn*, ZHR 178 (2014), 55, 92.

Verletzung der Vertraulichkeitsgewährleistungspflicht entstanden.[238] Kommt es auf die Abwägung an, ist wie bei jeder Insiderinformation entscheidend, inwieweit eine vorzeitige Veröffentlichung beim Emittenten zu Werteinbußen führen könnte, während für die Marktseite zu prüfen ist, inwiefern das Gerücht Insiderhandelsgefahr, Handelsaktivitäten und Suchkosten auslöst.[239]

Das Marktinteresse ist dabei umso höher, je mehr über die verschwiegene Information an die Öffentlichkeit gelangt ist[240] und umso niedriger, je spekulativer die geheim gehaltene Information ist.[241] Zwar können auch Informationen bzw. Gerüchte, deren Tatsachengrundlage relativ unsicher ist, einen Suchanreiz auslösen, jedoch ist bei „weichen" Informationen das Interesse der Informationshändler an einer Veröffentlichung meist gering.[242] Dies begründet sich darin, dass sich die Kursrelevanz spekulativer Informationen nicht richtig einschätzen lässt und das Risiko für Händler somit extrem hoch ist, einen Informationsvorteil gegenüber dem Markt glauben zu haben, tatsächlich aber uninformiert zu bleiben.[243]

Zusammengefasst können Gerüchte, die Insiderinformationen darstellen, vor allem zu steigenden Suchkosten führen und dadurch das Kapitalmarktinteresse überwiegen lassen. Allerdings sind die Gerüchte bei der Abwägung nur zu berücksichtigen, sofern sie einen Aufschub nicht bereits scheitern lassen, weil sie irreführend oder aufgrund fehlender Vertraulichkeitsgewährleistung entstanden sind. Kommt es zur Abwägung, sind auf beiden Seiten die gleichen Kostenfaktoren entscheidend, wie bei „normalen" Informationen.

---

238 *Klöhn*, ZHR 178 (2014), 55, 92.
239 *Klöhn*, ZHR 178 (2014), 55, 93.
240 *Klöhn*, ZHR 178 (2014), 55, 83.
241 *Klöhn*, ZHR 178 (2014), 55, 93.
242 *Klöhn*, ZHR 178 (2014), 55, 83 f.
243 *Klöhn*, ZHR 178 (2014), 55, 84.

(bb) Dauer der Aufschubphase

Da bei der Interessenabwägung generell nicht nur ein bestimmter Zeitpunkt, sondern die gesamte Zeitleiste der gewünschten Selbstbefreiung in die Abwägung miteinzubeziehen ist,[244] ist das Informationsinteresse des Kapitalmarkts umso stärker, je länger die Aufschubphase anhält.[245] Denn je länger die Information geheim gehalten wird, umso stärker steigt das Risiko des Insiderhandels[246] und umso kontinuierlicher steigen die Suchkosten.[247] Dadurch wird nicht das „ob", sondern das „wann" der Veröffentlichung durch das Ergebnis der Abwägung festgelegt.[248] Dementsprechend hat sich der Emittent regelmäßig die Frage zu stellen, ob seine Interessen noch denen des Kapitalmarkts vorgehen.[249] Sofern das der Fall ist, kann dies auch extrem lange Aufschubzeiträume rechtfertigen.[250]

Folglich bleibt festzuhalten, dass mit zunehmender Dauer des Aufschubs, die Kosten und Risiken auf Kapitalmarktseite und somit die Kapitalmarktinteressen meist zwangsläufig steigen. Somit bestimmt der Faktor Zeit, dass ein anfangs eventuell noch überwiegendes Emittenteninteresse, oft automatisch in ein Überwiegen der Kapitalmarktinteressen umschlägt.

Letztlich können für ein Überwiegen des Kapitalmarktinteresses mehrere Parameter ausschlaggebend sein. Neben konkreten Gerüchten, spricht insbesondere eine lange Aufschubphase für ein Überwiegen der Informationsinteressen des Marktes.

Die für die Abwägung relevanten Kapitalmarktinteressen setzen sich dabei grundsätzlich nur aus den Suchkosten und gegebenenfalls aus einem bestehenden Insiderrisiko zusammen.

---

244 *Schröder*, Die Selbstbefreiung von der Ad-hoc-Publizität, S. 125.

245 *Schröder*, Die Selbstbefreiung von der Ad-hoc-Publizität, S. 125; *Klöhn*, ZHR 178 (2014), 55, 83.

246 *Schröder*, Die Selbstbefreiung von der Ad-hoc-Publizität, S. 125 f.

247 In diesem Sinne *Klöhn*, ZHR 178 (2014), 55, 83.

248 *Schröder*, Die Selbstbefreiung von der Ad-hoc-Publizität, S. 125.

249 *Schröder*, Die Selbstbefreiung von der Ad-hoc-Publizität, S. 126.

250 *Harbath*, ZIP 2005, 1898, 1904; KK-WpHG/*Versteegen*, 1. Aufl., § 15 Rn. 177 und Ziemons, NZG 2004, 537, 543 halten sogar eine permanente Befreiung für möglich.

Dass die Geheimhaltungsinteressen des Emittenten überhaupt mit den Kapitalmarktinteressen abgewogen werden müssen, um ein berechtigtes Aufschubinteresse zu ermitteln, ergibt sich aus dem Begriff des berechtigten Interesses selbst, ist kein Verstoß gegen Europarecht und somit zulässigerweise in § 6 S. 1 WpAIV definiert.

Dabei wird das Geheimhaltungsinteresse des Emittenten ausschließlich durch seine Aktionäre bestimmt und liegt dann vor, wenn es überwiegend wahrscheinlich ist, dass eine Informationsveröffentlichung den Aktionären mehr kostet als nutzt und somit der Fundamentalwert ihrer Aktien gefährdet ist. Demgegenüber wird das Veröffentlichungsinteresse des Kapitalmarkts überwiegend durch die Interessen der Informationshändler geprägt, während die Interessen der Utilitätshändler nur eine marginale Rolle spielen.

Nach alledem besteht ein berechtigtes Emittenteninteresse, wenn die erwarteten Kosten einer Veröffentlichung für seine Aktionäre mit überwiegender Wahrscheinlichkeit höher sind als ihr erwarteter Nutzen. Zusätzlich müssen diese Kosten auch die Suchkosten und Insiderrisiken überwiegen, die den Informationshändlern bei einer Geheimhaltung entstehen würden.

II Keine Irreführung der Öffentlichkeit

Neben einem berechtigten Interesse, verlangt § 15 Abs. 3 S. 1 WpHG für einen Aufschub der Ad-hoc-Publizität des Weiteren, dass durch diesen keine Irreführung der Öffentlichkeit zu befürchten ist. In der Marktmissbrauchsverordnung findet sich diese Voraussetzung in Art. 17 Abs. 4 Unterabs. 1 lit. b) MMVO wieder. Zweck des Irreführungsverbots ist der Schutz der berechtigten Interessen des Kapitalmarkts, da der Aufschub nur solange unproblematisch ist, bis der Markt nicht irregeführt wird.[251] Die Auslegung dieses Tatbestandsmerkmals gestaltet sich als schwierig, da der Aufschub einer Insiderinformation automatisch zu einem Informationsun-

---

[251] KK-WpHG/*Klöhn*, 2. Aufl., § 15 Rn. 281.

gleichgewicht und einer unrichtigen Preisbildung des betroffenen Wertpapiers führt.[252] Da diese Form von Irreführung zwangsläufige Folge des Aufschubs ist, wäre eine Selbstbefreiung immer ausgeschlossen, wodurch die Vorschrift leerlaufen würde.[253] Nicht nur daraus folgern einige, dass das Tatbestandsmerkmal hinsichtlich des Aufschubs keine eigene Bedeutung habe.[254] Ob sich dieser Meinung anzuschließen ist oder ob dem Tatbestandsmerkmal der Irreführung eine eigenständige Funktion zukommt, ist folgend zu untersuchen. In diesem Zusammenhang ist zu klären, durch welche Merkmale sich die Irreführungsgefahr i. S. v. § 15 Abs. 3 S. 1 WpHG auszeichnet. Daran schließt sich die Frage an, ob der Emittent auch dann publizitätspflichtig ist, wenn die Irreführungsgefahr durch Dritte herbeigeführt wird. Abschließend ist zu klären, ab welchem Wahrscheinlichkeitsgrad der Emittent den Eintritt einer Irreführung befürchten muss.

1 Irreführungslage im Kapitalmarkt

Streng genommen ist das Zurückhalten einer Insiderinformation schon an sich geeignet die Öffentlichkeit irrezuführen.[255] Gleichwohl setzen § 15 Abs. 3 S. 1 WpHG und Art. 6 Abs. 2 MMRL – genauso wie Art. 17 Abs. 4 Unterabs. 1 lit. b) MMVO – für die Selbstbefreiung aber eine fehlende Irreführungsgefahr voraus. Daraus schließen diejenigen, die diesem Merkmal eine selbständige Bedeutung absprechen, dass die Irreführung bereits bei der Abwägung des berechtigten Interesses mit dem Kapitalmarktinteresse zu

---

252 Assmann/Schneider/*Assmann*, WpHG, § 15 Rn. 159; ähnlich KK-WpHG/*Versteegen*, 1. Aufl., § 15 Rn. 154 und *Schröder*, Die Selbstbefreiung von der Ad-hoc-Publizität, S. 127 f.

253 Assmann/Schneider/*Assmann*, WpHG, § 15 Rn. 159; KK-WpHG/*Versteegen*, 1. Aufl., § 15 Rn. 155; Fuchs/*Pfüller*, WpHG, § 15 Rn. 385; *Schröder*, Die Selbstbefreiung von der Ad-hoc-Publizität, S. 128; *Schwintek*, Anlegerschutzverbesserungsgesetz, S. 34; *Langenbucher*, Aktien- u. Kapitalmarktrecht, § 17 Rn. 4; *Simon*, Der Konzern 2005, 13, 20.

254 Schwark/Zimmer/*Zimmer/Kruse*, KMRK, WpHG, § 15 Rn. 68; Schäfer/Hamann/*Geibel/ Schäfer*, KMG, WpHG, § 15 Rn. 135; Baumbach/Hopt/*Kumpan*, HGB, WpHG, § 15 Rn. 5.

255 Siehe oben C) II).

berücksichtigen sei.[256] Dies ergebe sich daraus, dass auch die Irreführung zu steigenden Risiken und Kosten des Kapitalmarkts führt, wodurch § 15 Abs. 3 S. 1 WpHG mit diesem Merkmal rechtssystematisch einen spezifischen Aspekt des Informationsinteresses des Markts an der sofortigen Veröffentlichung i. S. v. § 6 S. 1 WpAIV adressiert und somit einen weiteren Grund nennt, warum das Emittenteninteresse gegenüber dem Marktinteresse grundsätzlich zurücktritt.[257] Folglich müsse eine Irreführungsgefahr schon im Rahmen der Abwägung nach § 6 S. 1 WpAIV ermittelt werden.[258]

Dem wird entgegengehalten, dass diese Auslegung mit dem Wortlaut des Gesetzes unvereinbar ist,[259] was die oben dargestellte Meinung teils selbst eingesteht.[260] Dieser Ansicht ist sich anzuschließen, da das Irreführungsverbot in § 15 Abs. 3 S. 1 WpHG ausdrücklich als eigenständiges Tatbestandsmerkmal der Selbstbefreiung zu behandeln ist.[261] Folglich ist ausgeschlossen, die Irreführungsgefahr als Teil der Interessenabwägung zu betrachten, die sich aus dem Tatbestandsmerkmal der berechtigten Interessen ergibt und welches wiederum deutlich neben dem Irreführungsverbot in § 15 Abs. 3 S. 1 WpHG steht.[262] Da die Irreführungsgefahr auch in Art. 17 Abs. 4 Unterabs. 1 lit. b) MMVO eigenständig angeführt wird, war und ist sie ein selbständiges Merkmal der Selbstbefreiung, für das es weiter zu klären gilt, unter welchen zusätzlichen Umständen dieses einen Aufschub verbietet.

Um das Merkmal besser einzugrenzen wird vereinzelt vertreten, zwischen positiven und negativen Nachrichten zu unterscheiden, da die Gefahr der Irreführung insbesondere bei negativen Nachrichten zu befürchten sei,[263]

---

256 *Zimmer*, in: FS Schwark, 669, 676 f.; im Ergebnis auch Schäfer/Hamann/*Geibel/Schäfer*, KMG, WpHG, § 15 Rn. 135.

257 KK-WpHG/*Klöhn*, 2. Aufl., § 15 Rn. 281, der die Gefahr der Irreführung im Ergebnis aber als eigenständiges Tatbestandsmerkmal behandelt; ähnlich *Zimmer*, in: FS Schwark, 669, 676, der eine eigenständige Bedeutung hieraus hingegen verneint.

258 *Zimmer*, in: FS Schwark, 669, 676, 678.

259 *Schröder*, Die Selbstbefreiung von der Ad-hoc-Publizität, S. 129.

260 *Zimmer*, in: FS Schwark, 669, 676.

261 *Schröder*, Die Selbstbefreiung von der Ad-hoc-Publizität, S. 129.

262 *Schröder*, Die Selbstbefreiung von der Ad-hoc-Publizität, S. 129.

263 *Ziemons*, NZG 2004, 537, 543; *Brandi/Süßmann*. AG 2004, 642, 650.

während positive Nachrichten allenfalls bei verfrühter Meldung irreführend wirkten.[264] Diese Ansicht wird von der herrschenden Meinung abgelehnt, da dies einerseits grundsätzlich nicht mehr als eine bloße „Tendenzaussage“ beinhaltet,[265] andererseits weil der Aufschub positiver Informationen für verkaufswillige Aktionäre die Gefahr birgt, ihre Wertpapiere unter Wert zu veräußern.[266] Demnach ist sich der herrschenden Meinung anzuschließen, da es für die Aufteilung zwischen positiven und negativen Nachrichten weder einen sachlichen Grund noch einen dogmatischen Ansatz gibt und die bloße Unkenntnis der Öffentlichkeit über eine eventuell negative Information, nicht zwingend eine Irreführung als solches ist.[267]

Um eine Irreführung bejahen zu können, müssen neben der Insiderinformation noch weitere Marktinformationen oder ein anderweitiges Verhalten des Emittenten als Bezugspunkt gewählt werden.[268] Dementsprechend ist eine Irreführung dann anzunehmen, wenn dem Markt Informationen vorliegen, die mit der zu veröffentlichenden Insiderinformation im Widerspruch stehen und dadurch Fehlvorstellungen auslösen, welche den Markt aufgrund dieser Informationen zum Handel veranlassen.[269] Im Kern beschreibt der Begriff der Irreführung folglich eine Informationslage, die zwei Voraussetzungen

---

264 *Brandi/Süßmann,* AG 2004, 642, 650.

265 Assmann/Schneider/*Assmann*, WpHG, § 15 Rn. 160; ähnlich *Schröder*, Die Selbstbefreiung von der Ad-hoc-Publizität, S. 129; *Möllers*, WM 2005, 1393, 1396.

266 Schwark/Zimmer/*Zimmer/Kruse*, KMRK, WpHG, § 15 Rn. 67; Fuchs/*Pfüller*, WpHG, § 15 Rn. 389; Schäfer/Hamann/*Geibel/Schäfer*, KMG, WpHG, § 15 Rn. 135; *Schröder*, Die Selbstbefreiung von der Ad-hoc-Publizität, S. 129; *Buck-Heeb*, Kapitalmarktrecht, Rn. 356; *Veith*, NZG 2005, 254, 257; *Harbath*, ZIP 2005, 1898, 1905.

267 KK-WpHG/*Versteegen*, 1. Aufl., § 15 Rn. 156; *Möllers*, WM 2005, 1393, 1396 f.

268 Assmann/Schneider/*Assmann*, WpHG, § 15 Rn. 160; Fuchs/*Pfüller*, WpHG, § 15 Rn. 387.

269 OLG Stuttgart, NZG 2009, 624, 631; BaFin, Emittentenleitfaden 2013, S. 61; Assmann/ Schneider/*Assmann*, WpHG, § 15 Rn. 160; KK-WpHG/*Klöhn*, 2. Aufl., § 15 Rn. 289; KK-WpHG/*Versteegen*, 1. Aufl., § 15 Rn. 155; *Gunßer*, Ad-hoc-Publizität bei Unternehmenskäufen, S. 99; *Cahn/Götz*, AG 2007, 221, 226; *Veith*, NZG 2005, 254, 257.

erfüllen muss. Sie muss im Markt eine Vorstellung über die geheim gehaltene Information wecken und diese Vorstellung stimmt nicht mit der geheim gehaltenen Information überein.[270] Zum besseren Verständnis soll auf die beiden Merkmale gesondert eingegangen werden.

a) Auslösen einer Vorstellung

Die Informationslage weckt nur dann eine Vorstellung im oben genannten Sinne, wenn der Markt so auf die geheim gehaltene Information hingewiesen wird, dass er einen Anreiz hat, auf dieser Informationsgrundlage nach weiteren Informationen zu suchen.[271] Folglich kann reines Nichtwissen schon deshalb nicht zur Irreführung führen, da jenes schon gar keine Vorstellung und somit keinen Suchanreiz auslöst.[272]

Darüber hinaus löst nicht jeder unsubstantiierte Hinweis einen Such- oder Handelsanreiz aus.[273] Die Informationslage muss so beschaffen sein, dass Informationshändler einen Anreiz bekommen, auf Grundlage eines kursrelevanten Hinweises Handel zu betreiben oder ein nicht kursrelevanter Hinweis einen Suchanreiz zur Aufklärung der Lage auslöst, auf deren Grundlage der Anleger sodann handelt.[274] Bei den Hinweisen handelt es sich meist um Informationen auf unsicherer Tatsachengrundlage, die mit der geheim gehaltenen Information im Zusammenhang stehen.[275] Umso verlässlicher dabei die Tatsachengrundlage ist und umso stärker sich ein Hinweis schon verbreitet hat, desto eher kann dies eine Vorstellung auslösen, auf deren Grundlage Informationshändler suchen oder handeln.[276]

Eine Vorstellung über eine geheim gehaltene Information liegt mithin dann vor, wenn Informationshändler aufgrund verlässlicher Hinweise, die mit der

---

270 KK-WpHG/*Klöhn*, 2. Aufl., § 15 Rn. 289.
271 KK-WpHG/*Klöhn*, 2. Aufl., § 15 Rn. 290.
272 KK-WpHG/*Klöhn*, 2. Aufl., § 15 Rn. 290.
273 KK-WpHG/*Klöhn*, 2. Aufl., § 15 Rn. 292; KK-WpHG/*Versteegen*, 1. Aufl., § 15 Rn. 155.
274 KK-WpHG/*Klöhn*, 2. Aufl., § 15 Rn. 292.
275 KK-WpHG/*Klöhn*, 2. Aufl., § 15 Rn. 293.
276 KK-WpHG/*Klöhn*, 2. Aufl., § 15 Rn. 293.

geheim gehaltenen Information zusammenhängen, nach weiteren Informationen suchen oder aufgrund des Hinweises Handel betreiben.

b) Fehlvorstellung

Ist eine Vorstellung geweckt, liegt eine Irreführung dann vor, wenn die Vorstellung nicht mit der verschwiegenen Information oder Teilen davon übereinstimmt[277] und sich dadurch das Informationsungleichgewicht vergrößert.[278] Folglich begründen zutreffende Einzelheiten oder Gerüchte, die auf den Markt gelangen, keine Irreführung.[279] In diesen Fällen kann der Aufschub höchstens noch im Rahmen der Interessenabwägung nach § 6 S. 1 WpAIV scheitern.[280]

Um keine Fehlvorstellung auszulösen, darf der Emittent weder falsche noch irreführende Meldungen über verschwiegene Information verbreiten.[281] Er darf dementsprechend aktiv keine Signale setzen, die zu der noch nicht veröffentlichten Insiderinformation im Widerspruch stehen.[282]

Eine Meinung vertritt daher die Ansicht, dass der Emittent einer Irreführungsgefahr am besten durch eine „no-comment-policy" entgehen kann,[283] die auch bei kursierenden Gerüchten nicht irreführend sein soll.[284] Andere deuten jedoch an, dass auch ein Schweigen zu Irreführungen führen kann, sofern sich dadurch Fehlvorstellungen über den relevanten Sachverhalt zu etablieren bzw. zu verfestigen drohen[285] oder zutreffende Vermutungen

---

277 KK-WpHG/*Klöhn*, 2. Aufl., § 15 Rn. 294.

278 *Hopt*, in: Schimansky/Bunte/Lwowski (Hrsg.), BankR-HB, § 107 Rn. 102.

279 KK-WpHG/*Klöhn*, 2. Aufl., § 15 Rn. 294.

280 KK-WpHG/*Klöhn*, 2. Aufl., § 15 Rn. 294; vgl. oben C) I) 4) b) bb) i).

281 KK-WpHG/*Klöhn*, 2. Aufl., § 15 Rn. 295.

282 BaFin, Emittentenleitfaden 2013, S. 61; dem folgend Fuchs/*Pfüller*, WpHG, § 15 Rn. 388; *Buck-Heeb*, Kapitalmarktrecht, Rn. 355; *Kümpel/Veil*, WpHG, S. 100 Rn. 28.

283 BaFin, Emittentenleitfaden 2013, S. 61; *Kümpel/Veil*, WpHG, S. 100 Rn. 28; *Gunßer*, Ad-hoc-Publizität bei Unternehmenskäufen, S. 100; *Diekmann/Sustmann*, NZG 2004, 929, 935 f.

284 KK-WpHG/*Klöhn*, 2. Aufl., § 15 Rn. 295.

285 KK-WpHG/*Versteegen*, 1. Aufl., § 15 Rn. 153.

durch ein Schweigen sogar wieder abgeschwächt oder aufgehoben werden.[286] Dementsprechend kann der Emittent auch aktiv versuchen eine fehlerhafte Information zu beseitigen oder zu verhindern.[287]

Letztlich muss der Emittent im jeweiligen Einzelfall entscheiden, wie er eine Irreführungsgefahr am wirkungsvollsten vereitelt. Der Emittent steht in der Pflicht vor und während der Selbstbefreiung Indizien zu prüfen, aus denen sich ergeben könnte, dass eine fehlerhafte Informationslage vorliegt[288] und wie auf diese zu reagieren ist. So kann ein Schweigen vor allem dann irreführend sein, wenn dies seinem Verhalten in der Vergangenheit widerspricht und daher vom Markt fehlinterpretiert wird.[289] Andererseits besteht bei einem Agieren die Gefahr, dass durch ein Bestätigen oder Dementieren von Gerüchten eine Irreführungsgefahr erst ausgelöst oder weiter verstärkt wird.[290] Dadurch ist im Ergebnis die „no-comment-policy“ meist die effektivste Vorbeugemaßnahme.[291] Kann der Emittent das Aufkommen oder Verstärken von Fehlvorstellungen allerdings auf beide Weisen nicht abwenden, ist er zur Veröffentlichung nach § 15 Abs. 1 S. 1 WpHG verpflichtet[292] und demzufolge zukünftig nach Art. 17 Abs. 1 Unterabs. 1 MMVO.

Eine Fehlvorstellung liegt somit vor, wenn konkrete Vorstellungen des Kapitalmarkts nicht mit der geheim gehaltenen Information übereinstimmen. Folglich darf das Verhalten des Emittenten nicht im Widerspruch zur geheim gehaltenen Information stehen, um Fehlvorstellungen weder auszulösen noch zu verstärken.

Zusammengefasst ist das Tatbestandsmerkmal der Irreführungsgefahr erfüllt, wenn zu befürchten ist, dass der Emittent durch sein Verhalten Signale

---

[286] *Kersting*, in: Schön (Hrsg.), Rechnungslegung u. Wettbewerbsschutz, S. 487.

[287] *Schröder*, Die Selbstbefreiung von der Ad-hoc-Publizität, S. 133.

[288] *Schröder*, Die Selbstbefreiung von der Ad-hoc-Publizität, S. 132.

[289] *Schröder*, Die Selbstbefreiung von der Ad-hoc-Publizität, S. 132, mit der generellen Aussage, dass der Markt das zurückliegende wiederkehrende Emittentenverhalten interpretiert; *Schneider* BB 2005, 897, 899.

[290] *Buck-Heeb*, Kapitalmarktrecht, Rn. 355; *Veith*, NZG 2005, 254, 257; *Diekmann/Sustmann*, NZG 2004, 929, 935 f.

[291] *Schröder*, Die Selbstbefreiung von der Ad-hoc-Publizität, S. 133.

[292] KK-WpHG/*Versteegen*, 1. Aufl., § 15 Rn. 160.

aussendet, die im Kapitalmarkt Fehlvorstellungen über die geheim gehaltene Information auslösen, die Suchanreize oder Handel initiieren oder verstärken.

2 Irreführung durch Dritte

Stark umstritten ist die Frage, ob das Tatbestandsmerkmal des Irreführungsrisikos auch erfüllt ist, sofern nicht der Emittent, sondern Dritte ein solches hervorrufen. Während die wohl herrschende Meinung oft inzident, ausschließlich auf die Verantwortung des Emittenten abstellt,[293] vertritt eine Mindermeinung die Ansicht, dass die Quelle irreführender Hinweise und Gerüchte für die Irreführungsgefahr unerheblich sei.[294] Folgt man der herrschenden Meinung müsste der Emittent lediglich wirksame Vorkehrungen treffen, um ein Irreführungsrisiko abwenden zu können.[295] Schließt man sich hingegen der Mindermeinung an, wäre eine Selbstbefreiung selbst dann ausgeschlossen, wenn man dem Emittenten keinen Vorwurf für eine Irreführungsgefahr machen könnte.[296] Letztlich geht es also um die Frage, ob es sich bei dem Tatbestandsmerkmal um eine bloße Organisationspflicht des Emittenten oder um eine „Erfolgshaftung" handelt.[297] Da dies weder aus § 15 Abs. 3 WpHG noch aus Art. 6 Abs. 2 MMRL hervorgeht,[298] sollen die jeweiligen Ansichten näher dargestellt werden, um daraufhin Stellung zu beziehen.

---

293 BaFin, Emittentenleitfaden 2013, S. 61; Schäfer/Hamann/*Geibel/Schäfer*, KMG, WpHG, § 15 Rn. 135; *Schröder*, Die Selbstbefreiung von der Ad-hoc-Publizität, S. 131 ff.; *Kersting*, in: Schön (Hrsg.), Rechnungslegung u. Wettbewerbsschutz, S. 487; *Kümpel/Veil*, WpHG, S. 100 Rn. 28; *Schwintek*, Anlegerschutzverbesserunngsgesetz, S. 34; *Petsch,* Kapitalmarktrechtliche Informationspflichten, S. 125; *Möllers*, WM 2005, 1393, 1397; *Simon*, Der Konzern 2005, 13, 20; *Cahn/Götz*, AG 2007, 221, 226.

294 KK-WpHG/*Klöhn*, 2. Aufl., § 15 Rn. 282 ff.; KK-WpHG/*Versteegen*, 1. Aufl., § 15 Rn. 159; *Fleischer/Schmolke*, AG 2007, 841, 851; differenziert *Gunßer*, Ad-hoc-Publizität bei Unternehmenskäufen, S. 99 f.

295 KK-WpHG/*Klöhn*, 2. Aufl., § 15 Rn. 282.

296 KK-WpHG/*Klöhn*, 2. Aufl., § 15 Rn. 282.

297 KK-WpHG/*Klöhn*, 2. Aufl., § 15 Rn. 282.

298 KK-WpHG/*Klöhn*, 2. Aufl., § 15 Rn. 282.

a) Organisationspflicht des Emittenten

Diejenigen die ein Irreführungsrisiko nur dann befürworten, wenn dieses dem Emittenten zugerechnet werden kann, begründen dies zum einen durch den Wortlaut, wonach der Wortteil „Führung" deutlich mache, dass es auf eine Tätigkeit des Emittenten ankäme.[299] Auch systematisch spreche das Irreführungsrisiko für eine Organisationspflicht, da dieses eine Parallele zum Tatbestandsmerkmal der Gewährleistung der Vertraulichkeit aufweise, bei dem es sich ebenfalls um eine reine Organisationspflicht handelt.[300] Wäre dem nicht so, könnten Dritte Falschinformationen gezielt streuen, um den Emittenten zu einer Veröffentlichung zu zwingen.[301] Dafür, dass Gerüchte und Spekulationen von anderer Stelle dem Emittenten nicht zugerechnet werden könnten, spreche auch das Anlegerbild des WpHG, nach dem der verständige Anleger Schutzadressat der Ad-hoc-Publizitätspflicht ist.[302] Da der Emittent keinen Einfluss auf die Streuung von Gerüchten und Spekulationen habe, müsse sich der Anleger im Klaren sein, dass solche eben nicht aus erster Hand stammen und daher von unklarer Verlässlichkeit sind.[303] Teleologisch verstärke eine Organisationspflicht auch die Rechtssicherheit für den Emittenten, da eine Erfolgshaftung den Anreiz in neue Geschäftschancen zu investieren, senken würde.[304] Das Verhalten Dritter könne dem Emittenten nur zugerechnet werden, wenn aus Anlegersicht der Dritte über entsprechende Informationen verfügen kann.[305] Allerdings obliege es dem Emittenten zu beweisen, dass keine Irreführung von seiner Seite vorliegt, wenn eine fehlerhafte Informationslage eingetreten ist.[306]

---

299 *Schröder*, Die Selbstbefreiung von der Ad-hoc-Publizität, S. 130.

300 Im Ergebnis aber für eine Erfolgshaftung KK-WpHG/*Klöhn*, 2. Aufl., § 15 Rn. 283.

301 *Schröder*, Die Selbstbefreiung von der Ad-hoc-Publizität, S. 130, 133; *Möllers*, WM 2005, 1393, 1397.

302 *Schröder*, Die Selbstbefreiung von der Ad-hoc-Publizität, S. 133.

303 *Schröder*, Die Selbstbefreiung von der Ad-hoc-Publizität, S. 133.

304 KK-WpHG/*Klöhn*, 2. Aufl., § 15 Rn. 284.

305 *Schröder*, Die Selbstbefreiung von der Ad-hoc-Publizität, S. 133.

306 *Schröder*, Die Selbstbefreiung von der Ad-hoc-Publizität, S. 133.

b) „Erfolgshaftung"

Die Gegenmeinung lehnt eine reine Organisationspflicht ab, da weder vom Wortlaut noch von der zu Grunde liegenden Gesetzesbegründung ein subjektiver Unrechtsgehalt vorausgesetzt werde.[307] Demnach sei das Merkmal der Irreführung rein objektiv zu verstehen.[308] Dies werde dadurch deutlich, dass das Tatbestandsmerkmal der Irreführungsgefahr systematisch gerade nicht parallel zu dem der Vertraulichkeitsgewährleistung laufe.[309] Denn während die Organisationspflicht hinsichtlich der Vertraulichkeit durch § 7 WpAIV konkretisiert werde, wonach der Emittent wirksame Vorkehrungen trifft, um den Zugang zu Insiderinformationen zu kontrollieren, fehle es bezüglich der Irreführungsgefahr an einer solchen Vorschrift.[310]

Des Weiteren stelle auch der Wortlaut von § 15 Abs. 3 S. 1 WpHG einzig auf den Erfolg ab.[311] So ist die Pflicht zur Gewährleistung der Vertraulichkeit im Aktiv formuliert, wonach „der Emittent die Vertraulichkeit der Insiderinformation gewährleisten kann". Im Gegensatz dazu stellt der Wortlaut zum Irreführungsrisiko eine Passivkonstruktion dar, wonach § 15 Abs. 3 S. 1 WpHG verlangt, dass „keine Irreführung der Öffentlichkeit zu befürchten ist". Dies indiziere, dass es im Rahmen der Irreführung nur auf den Erfolg ankommt, nicht aber wie es zur Irreführung gekommen ist.[312]

Auch in teleologischer Hinsicht spreche das Merkmal des Irreführungsrisikos eher für eine „Erfolgshaftung", da eine Organisationspflicht lediglich verbieten würde, keine irreführenden Stellungnahmen über die geheim gehaltene Information abzugeben bzw. solche aus seinen eigenen Reihen zuzulassen.[313] Das Marktinteresse, nicht irregeführt zu werden, sei aber unabhängig davon schützenswert, worin die Quelle der Irreführung liegt.[314]

---

[307] *Gunßer*, Ad-hoc-Publizität bei Unternehmenskäufen, S. 99.

[308] *Gunßer*, Ad-hoc-Publizität bei Unternehmenskäufen, S. 99.

[309] KK-WpHG/*Klöhn*, 2. Aufl., § 15 Rn. 283.

[310] KK-WpHG/*Klöhn*, 2. Aufl., § 15 Rn. 283.

[311] KK-WpHG/*Klöhn*, 2. Aufl., § 15 Rn. 283.

[312] KK-WpHG/*Klöhn*, 2. Aufl., § 15 Rn. 283.

[313] KK-WpHG/*Klöhn*, 2. Aufl., § 15 Rn. 284.

[314] KK-WpHG/*Klöhn*, 2. Aufl., § 15 Rn. 284.

c) Stellungnahme

Aufgrund der vorstehenden Argumente ist sich letzten Endes der Mindermeinung anzuschließen, so dass es allein auf den Irreführungserfolg ankommt und die Gefahr einer Irreführung somit auch durch die Äußerungen Dritter ausgelöst werden kann. Dies stellt auch keine unzumutbare Belastung für den Emittenten dar, da die betroffenen Informationshändler als verständige Anleger durchaus in der Lage sind, die Quelle des jeweiligen irreführenden Hinweises einzuordnen.[315] So haben Äußerungen Dritter nur ein ernsthaftes Irreführungspotenzial, wenn der Absender der Äußerung über ausreichend Autorität verfügt und die Äußerung selbst hinreichend substantiiert ist.[316] Dagegen besitzen Hinweise, die von Personen ohne besonderen Zugang zur Information oder aus ungenannten und nicht identifizierten Quellen stammen, schon von vornherein geringes Irreführungspotenzial.[317] Folglich ist der Einwand, dass böswillige Dritte durch das Streuen von Gerüchten den Emittenten zur Veröffentlichungspflicht zwingen könnten, kaum haltbar. Da es sich somit bei der Irreführungsgefahr nicht um eine reine Organisationspflicht handelt, ist die Frage nach der Beweislastverteilung ohnehin überflüssig.

Demzufolge muss sich der Emittent eine bestehende Irreführungsgefahr stets zurechnen lassen, da es unerheblich ist, ob das Irreführungsrisiko von ihm oder einem Dritten ausgelöst wird. In der Regel sind Informationshändler ohnehin in der Lage, die Substanz und die Quelle des Hinweises richtig einzuschätzen.

3 Prognose

Aus dem Wortlaut „zu befürchten" ergibt sich, dass die Irreführung nicht sicher zu erwarten oder gar eingetreten sein muss.[318] Viel eher ist für die

---

[315] KK-WpHG/*Klöhn*, 2. Aufl., § 15 Rn. 286.

[316] KK-WpHG/*Versteegen*, 1. Aufl., § 15 Rn. 159; *Fleischer/Schmolke*, AG 2007, 841, 851.

[317] KK-WpHG/*Klöhn*, 2. Aufl., § 15 Rn. 286.

[318] KK-WpHG/*Klöhn*, 2. Aufl., § 15 Rn. 297.

Beurteilung, ob eine Irreführung zu befürchten ist, eine Ex-ante-Betrachtung erforderlich.[319] Maßgeblich ist dabei der Zeitpunkt des Eintritts der Veröffentlichungspflicht.[320] Fraglich ist, welchen Maßstab der Emittent anlegen muss, wenn er ermittelt, wie wahrscheinlich es ist, dass sich eine erkannte Irreführungsgefahr realisiert.

Teilweise wird vertreten, dass es für die Prognose auf keine Mindestwahrscheinlichkeit in Form einer überwiegenden oder hohen Wahrscheinlichkeit ankomme.[321] Stattdessen müsse sich die erforderliche Eintrittswahrscheinlichkeit nach dem Ausmaß der drohenden Irreführung richten. Die Gegenmeinung teilt zwar die Ansicht, dass es bezüglich der Irreführungsgefahr keiner überwiegenden Wahrscheinlichkeit bedürfe, da ein solches Erfordernis nicht sachangemessen sei und sich auch nicht aus dem Wortlaut ergebe.[322] Jedoch bedürfe es für eine Irreführungsgefahr konkreter Anhaltspunkte, die eine entsprechende Befürchtung begründen.[323]

Zweiter Meinung ist sich anzuschließen. Weder verlangt der Wortlaut von § 15 Abs. 3 WpHG ein besonderes Wahrscheinlichkeitserfordernis, noch enthält er einen Hinweis auf eine Differenzierung nach dem Ausmaß der Irreführung.[324] Im Gegenteil hat der Gesetzgeber die Irreführung als starres Negativmerkmal der Selbstbefreiung geregelt.[325] Folglich schließt das Vorliegen einer Irreführungsgefahr die Selbstbefreiung zwingend aus, unabhängig vom Grad der Wahrscheinlichkeit.[326] Allerdings müssen dem Emittenten konkrete Anhaltspunkte vorliegen,[327] dass Informationshändler auf Ba-

---

319 Assmann/Schneider/*Assmann*, WpHG, § 15 Rn. 160; Fuchs/*Pfüller*, WpHG, § 15 Rn. 384; KK-WpHG/*Versteegen*, 1. Aufl., § 15 Rn. 157; *Schröder*, Die Selbstbefreiung von der Ad-hoc-Publizität, S. 135.

320 Assmann/Schneider/*Assmann*, WpHG, § 15 Rn. 160.

321 KK-WpHG/*Klöhn*, 2. Aufl., § 15 Rn. 297.

322 KK-WpHG/*Versteegen*, 1. Aufl., § 15 Rn. 157.

323 KK-WpHG/*Versteegen*, 1. Aufl., § 15 Rn. 157; *Schröder*, Die Selbstbefreiung von der Ad-hoc-Publizität, S. 135.

324 *Schröder*, Die Selbstbefreiung von der Ad-hoc-Publizität, S. 130.

325 *Schröder*, Die Selbstbefreiung von der Ad-hoc-Publizität, S. 135.

326 *Schröder*, Die Selbstbefreiung von der Ad-hoc-Publizität, S. 135.

327 *Schröder*, Die Selbstbefreiung von der Ad-hoc-Publizität, S. 135.

sis einer unzutreffenden Informationsgrundlage einen Such- oder Handelsanreiz haben.[328] Sofern dem so ist, ist ihm jedoch unter Umständen gestattet, zu prüfen, ob sich die Irreführungsgefahr durch eine, die geheime Insiderinformation nicht berührende, klarstellende Mitteilung beseitigen lässt.[329] Das Entfallen der Selbstbefreiung ist somit lediglich ultima ratio.[330]

Folglich ist eine Irreführung zu befürchten, wenn der Emittent anhand konkreter Anhaltspunkte prognostiziert, dass die Informationshändler auf Basis einer irrigen Informationslage einen Anreiz haben, Handel zu betreiben oder Suchkosten aufzuwenden. Auf einen bestimmten Wahrscheinlichkeitsgrad oder das Ausmaß der Irreführung kommt es hierbei nicht an.

Zusammengefasst besteht nach § 15 Abs. 3 S. 1 WpHG keine Irreführungsgefahr für die Öffentlichkeit, wenn sich ex ante für den Emittenten keine Anhaltspunkte abzeichnen, die befürchten lassen, dass Hinweise bei Informationshändlern Fehlvorstellungen über die Insiderinformation auslösen, aufgrund derer sie ihr Verhalten ausrichten.

III Gewährleistung der Vertraulichkeit

Als drittes Tatbestandsmerkmal verlangt § 15 Abs. 3 S. 1 WpHG für den Aufschub der Insiderinformation, dass der Emittent deren Vertraulichkeit gewährleisten kann. Ziel der Vertraulichkeit ist der Schutz der Informationshändler vor Insiderhandel aufgrund der geheim gehaltenen Information während des Befreiungszeitraums.[331] Konkretisiert wird das Tatbestandsmerkmal durch Art. 3 Abs. 2 S. 2 DRL, der drei Anforderungen auflistet, welche insbesondere erfüllt sein müssen, um die Vertraulichkeitsgewährleistung sicherzustellen. Demnach muss der Emittent nach Art. 3 Abs. 2 S. 2 lit. a) DRL wirksame Vorkehrungen treffen, um den Zugang zur Insiderinformation kontrollieren zu können. Des Weiteren muss er nach lit. b) sicherstellen, dass alle Personen, die Zugang zur Insiderinformation haben, ihre

---

328 KK-WpHG/*Klöhn*, 2. Aufl., § 15 Rn. 297, der die Eintrittswahrscheinlichkeit nichtsdestotrotz vom Ausmaß der Irreführung abhängig machen will.

329 *Schröder*, Die Selbstbefreiung von der Ad-hoc-Publizität, S. 136; vgl. oben C) II) 2) b).

330 *Schröder*, Die Selbstbefreiung von der Ad-hoc-Publizität, S. 136.

331 KK-WpHG/*Klöhn*, 2. Aufl., § 15 Rn. 298; *Schneider*, BB 2005, 897, 900.

insiderrechtlichen Pflichten und mögliche Sanktionen bei Missbrauch anerkennen. Schließlich muss der Emittent nach lit. c) die Information unverzüglich bekannt geben können, wenn er nicht länger in der Lage ist, ihre Vertraulichkeit zu gewährleisten.

Um die Vertraulichkeit zu gewährleisten, verpflichtet Art. 3 Abs. 2 S. 2 DRL den Emittenten demnach zur Umsetzung organisatorischer Maßnahmen.[332] Während lit. a) und c) dabei sinngemäß durch § 7 WpAIV in nationales Recht umgesetzt wurden, findet sich die Belehrungs- und Anerkennungspflicht als allgemeine Emittentenpflicht in § 15b Abs. 1 S. 3 WpHG wieder.[333] Hiernach hat der Emittent die Personen, die bestimmungsgemäß Zugang zu Insiderinformationen haben und in das nach § 15b Abs. 1 S. 1 WpHG zu führende Insiderverzeichnis aufzunehmen sind, über ihre damit einhergehenden Pflichten und Rechtsfolgen bei Verstößen aufzuklären. Dies betrifft insbesondere die Kenntnis über das Weitergabeverbot von Insiderinformationen an Unbefugte nach § 14 Abs. 1 Nr. 2 WpHG.[334]

Die beiden anderen Anforderungen von Art. 3 Abs. 2 S. 2 DRL scheinen bezüglich ihrer Umsetzung, aber auch aufgrund ihres Regelungsinhalts scheinbar mehr Probleme darzustellen.[335] Daher soll sich im Folgenden detaillierter mit ihnen auseinandergesetzt werden. Anschließend ist zu klären, ob die Vertraulichkeitsgewährleistung auch ohne Pflichtverletzung entfallen kann.

1 Zugangskontrolle

Art. 3 Abs. 2 S. 2 lit. a) DRL findet sich nahezu wortwörtlich in § 7 Nr. 1 WpAIV wieder. Danach muss der Emittent wirksame Vorkehrungen dafür

---

[332] In diesem Sinne auch die BaFin, Emittentenleitfaden 2013, S. 61; KK-WpHG/*Klöhn*, 2. Aufl., § 15 Rn. 301; Schäfer/Hamann/*Geibel/Schäfer*, KMG, WpHG, § 15 Rn. 136.

[333] OLG Stuttgart, NZG 2009, 624, 633; Schwark/Zimmer/*Zimmer/Kruse*, KMRK, WpHG, § 15 Rn. 69.

[334] KK-WpHG/*Klöhn*, 2. Aufl., § 15 Rn. 308.

[335] Ausführlich *Schröder*, Die Selbstbefreiung von der Ad-hoc-Publizität, S. 136 ff.

treffen, dass nur Personen Zugang zu Insiderinformationen erlangen, für die dieser zur Wahrnehmung ihrer Aufgaben beim Emittenten unerlässlich ist.

Entgegen dem Wortlaut muss sich die Emittentenpflicht zur Zugangskontrolle auch auf die Weitergabe von Insiderinformationen erstrecken, da auch dadurch andere Zugang zu Insiderwissen erlangen können.[336] Darüber hinaus wird insbesondere kritisiert, dass § 7 Nr. 1 WpAIV und sein europäisches Pendant nur den unternehmensinternen Zugang regeln und dabei den strengen Maßstab der Unerlässlichkeit aufstellen.[337] Wie die Norm stattdessen auszulegen ist, ist unter Einbeziehung der verschiedenen Lösungsvorschläge dementsprechend herauszuarbeiten.

a) Einheitliche richtlinienkonforme Auslegung

Der strenge Maßstab der Unerlässlichkeit wird häufig mit der Begründung abgelehnt, dass dieser Wortlaut auf einen Übersetzungsfehler zurückgehe.[338] Dies verdeutliche sich mit Blick auf die englische Fassung von Art. 3 Abs. 2 S. 2 lit. a) DRL, wonach es ausreicht, dass der Zugang auf Personen beschränkt wird, die die Information zur Wahrnehmung ihrer Aufgabe innerhalb des Emittenten benötigen („... persons other than those who require it ...“). Da der Begriff der Unerlässlichkeit suggeriere, dass Personen erst Zugang haben dürften, wenn deren Aufgaben ohne die Information überhaupt nicht mehr erfüllbar sind,[339] müsse § 7 Nr. 1 WpAIV demnach richtlinienkonform so ausgelegt werden, dass der Zugang bereits gewährt werden kann, wenn er erforderlich scheint.[340] Daneben wird angeführt, dass

---

336 KK-WpHG/*Klöhn*, 2. Aufl., § 15 Rn. 306; Schwark/Zimmer/*Zimmer/Kruse*, KMRK, WpHG, § 15 Rn. 70; inzident BaFin, Emittentenleitfadem 2013, S. 61; a. A. Assmann/Schneider/*Assmann*, WpHG, § 15 Rn. 164.

337 Assmann/Schneider/*Assmann*, WpHG, § 15 Rn. 162; KK-WpHG/*Klöhn*, 2. Aufl., § 15 Rn. 303; *Cahn/Götz*, AG 2007, 221, 226; *Simon*, Der Konzern 2005, 13, 20.

338 OLG Stuttgart, NZG 2009, 624, 632; Schwark/Zimmer/*Zimmer/Kruse*, KMRK, WpHG, § 15 Rn. 70; Assmann/Schneider/*Assmann*, WpHG, § 15 Rn. 162; Fuchs/*Pfüller*, WpHG, § 15 Rn. 393; *Cahn/Götz*, AG 2007, 221, 226; in diesem Sinne auch KK-WpHG/*Klöhn*, 2. Aufl., § 15 Rn. 303.

339 Assmann/Schneider/*Assmann*, WpHG, § 15 Rn. 162; Fuchs/*Pfüller*, WpHG, § 15 Rn. 393.

340 Schwark/Zimmer/*Zimmer/Kruse*, KMRK, WpHG, § 15 Rn. 70.

der für jedermann geltende § 14 Abs. 1 Nr. 2 WpHG,[341] für die Befugnis zur Weitergabe, ebenfalls nur den Maßstab der Erforderlichkeit verlange.[342] Folglich sei nicht ersichtlich, warum der unternehmensinterne Zugang nach § 7 Nr. 1 WpAIV einem strengeren Maßstab unterliegen soll, als die Weitergabe an Externe,[343] für die sich der Maßstab einzig nach § 14 Abs. 1 Nr. 2 WpHG bestimmt.[344]

b) Unterschiedliche Maßstäbe für interne und externe Personen

Eine abweichende Meinung verlangt, dass bezüglich des Maßstabs zwischen unternehmensinternen und -externen Personen zu differenzieren sei.[345] Dies ergebe sich aus einem EuGH-Urteil[346] zu Art. 3 lit. a) Insiderrichtlinie,[347] der die Vorgängervorschrift zu Art. 3 lit. a) MMRL darstellt, auf der wiederum § 14 Abs. 1 Nr. 2 WpHG basiert.[348] Das Urteil verdeutliche demnach, dass eine Weitergabe von Insiderinformationen nach Art. 3 lit. a) Insiderrichtlinie – nach dem Informationen nur an Dritte weitergegeben werden dürfen, wenn dies im normalen Rahmen der Aufgabenerfüllung geschieht – nur dann gerechtfertigt sei, sofern die Information zur Erfüllung einer Aufgabe unerlässlich ist.[349]

Da § 7 Nr. 1 WpAIV und § 14 Abs. 1 Nr. 2 WpHG im Kern die gleichen Ziele verfolgen, müsse die Entscheidung des EuGH auch für die Auslegung des Begriffs „unerlässlich" i. S. v. § 7 Nr. 1 WpAIV als maßgeblich erachtet werden.[350] Dementsprechend dürfe eine Information nur dann weitergegeben werden, wenn sie zur Ausübung einer Tätigkeit unverzichtbar sei.[351] Da

---

341 Schwark/Zimmer/*Zimmer/Kruse*, KMRK, WpHG, § 15 Rn. 89.
342 *Cahn/Götz*, AG 2007, 221, 226; *Simon*, Der Konzern 2005, 13, 21.
343 *Cahn/Götz*, AG 2007, 221, 226; *Simon*, Der Konzern 2005, 13, 21.
344 *Simon*, Der Konzern 2005, 13, 21.
345 Assmann/Schneider/*Assmann*, WpHG, § 15 Rn. 162, § 14 Rn. 74b.
346 EuGH, Grøngaard und Bang, Rs. C-384/02, Slg. 2005, I-9939.
347 Richtlinie 89/592/EWG v. 13.11.1989, Abl. EG L 334/30 v. 18.11.1989.
348 Schwark/Zimmer/*Schwark/Kruse*, KMRK, WpHG, § 14 Rn. 1.
349 EuGH, Grøngaard und Bang, Rs. C-384/02, Slg. 2005, I-9939, Rn. 34.
350 Assmann/Schneider/*Assmann*, WpHG, § 15 Rn. 162.
351 Assmann/Schneider/*Assmann*, WpHG, § 14 Rn. 74a, 96.

sich die Entscheidung allerdings nur mit der Weitergabe an unternehmensexterne Personen beschäftigt und der enge Maßstab der Unerlässlichkeit für Unternehmensinterne viel zu überzogen sei, gälten die engen Bestimmungen folglich nur für Externe.[352] Dagegen sei innerbetrieblich jede Weitergabe gerechtfertigt, sobald dies der sachgerechten Wahrnehmung einer aus betriebsorganisatorischer Sicht sinnvollen Aufgabe diene.[353]

c) Stellungnahme

Die Ansicht, dass der EuGH für die Weitergabe mit dem Begriff der Unerlässlichkeit einen besonders strengen Maßstab angesetzt hat und dass dieser zumindest für Unternehmensexterne gilt, ist abzulehnen. Zwar verwendet der EuGH bezüglich der Weitergabe von Informationen, den Begriff „unerlässlich", dass er damit aber keinen strengeren Maßstab anlegen wollte, zeigt sich bereits, in dem er an anderer Stelle nur noch von einer „Erforderlichkeit" spricht.[354] Mit Blick auf die dänische Originalfassung belegt das Urteil viel eher, dass mit den unterschiedlichen Begriffen grundsätzlich der selbe Maßstab bezeichnet werden soll, da der EuGH dort an entsprechenden Stellen durchweg den Begriff „notwendig" verwendet.[355]

Dass der EuGH mit dem Begriff der Notwendigkeit, für die Weitergabe nach Art. 3 lit. a) der Insiderrichtlinie offensichtlich keinen exorbitant strengen Maßstab ansetzen wollte, zeigt schon der Wortlaut der Norm und seiner Nachfolgeregelung des Art. 3 lit. a) MMRL, die eine Informationsweitergabe bereits im „normalen Rahmen" der Aufgabenerfüllung erlauben. Daraus lässt sich ableiten, dass die Weitergabe zulässig ist, wenn sie dem jeweiligen Aufgabenzweck dient.[356] Dass der Maßstab dabei auch nicht zu niedrig angesetzt werden darf, grenzt der EuGH insofern ein, als dass bei der Weitergabe der Grundsatz der Verhältnismäßigkeit zu beachten ist.[357] Folglich

---

352 Assmann/Schneider/*Assmann*, WpHG, § 14 Rn. 74b.

353 Assmann/Schneider/*Assmann*, WpHG, § 14 Rn. 74b.

354 EuGH, Grøngaard und Bang, Rs. C-384/02, Slg. 2005, I-9939, Rn. 36.

355 KK-WpHG/*Klöhn*, 2. Aufl., § 14 Rn. 325; ähnlich KK-WpHG/*ders.*, 2. Aufl., § 15 Rn. 303.

356 KK-WpHG/*Klöhn*, 2. Aufl., § 14 Rn. 328.

357 EuGH, Grøngaard und Bang, Rs. C-384/02, Slg. 2005, I-9939, Rn. 34.

sind auch an den Begriff der Unerlässlichkeit aus § 7 Nr. 1 WpAIV keine unverhältnismäßigen Anforderungen zu stellen, da die Norm einen ähnlichen Regelungsgehalt wie § 14 Abs. 1 Nr. 2 WpHG hat und somit in dessen Lichte auszulegen ist.[358] Entgegen dessen Wortlaut schließt § 7 Nr. 1 WpAIV zwecks Einheitlichkeit somit auch unternehmensexterne Personen mit ein,[359] die dabei auch keinem strengeren Maßstab unterliegen, wie unternehmensinterne Personen.

Zusammengefasst verlangt der Begriff der Unerlässlichkeit aus § 7 Nr. 1 WpAIV nicht, dass Insiderinformationen stets nur an Personen weitergegeben werden dürfen, für deren Arbeit die Information quasi unverzichtbar ist. Vielmehr reicht für die Weitergabe i. S. v. § 14 Abs. 1 Nr. 2 WpHG, dass diese dem jeweils notwendigen Aufgabenzweck entspricht, solange dabei die Verhältnismäßigkeit gewahrt bleibt. § 7 Nr. 1 WpAIV umfasst dabei auch die Weitergabe an unternehmensexterne Personen.

2 Unverzügliche Veröffentlichung

Die Pflicht aus Art. 3 Abs. 2 lit. c) DRL wirksame Vorkehrungen dafür zu treffen, dass Informationen unverzüglich bekannt gegeben werden können, sobald der Emittent ihre Vertraulichkeit nicht mehr gewährleisten kann, wurde durch § 7 Nr. 2 WpAIV in nationales Recht umgesetzt. Demnach muss der Emittent kontrollieren oder zumindest nachvollziehen können, ob er die Vertraulichkeit gewährleisten kann und dafür sorgen, dass er seiner Veröffentlichungspflicht aus § 15 Abs. 3 S. 2 WpHG – wonach Ad-hoc-Mitteilungen unverzüglich nachzuholen sind, sobald die Voraussetzungen von § 15 Abs. 3 S. 1 WpHG nicht mehr vorliegen – stets umgehend nachkommen kann.[360] Für die neue MMVO ergibt sich die Pflicht, die Veröffentlichung von Insiderinformationen „so schnell wie möglich" nachzuholen, sobald die Vertraulichkeit dieser nicht mehr gewährleistet ist, unmittelbar aus Art. 17 Abs. 7 Unterabs. 1 MMVO. Welche Vorkehrungen der Emittent

---

[358] KK-WpHG/*Klöhn*, 2. Aufl., § 15 Rn. 303.

[359] BaFin, Emittentenleitfaden, S. 43; *Schröder*, Die Selbstbefreiung von der Ad-hoc-Publizität, S.143.

[360] KK-WpHG/*Klöhn*, 2. Aufl., § 15 Rn. 309.

für eine unverzügliche Veröffentlichung generell zu treffen hat, ist einzelfallabhängig.[361] Grundsätzlich sollten die Ad-hoc-Mitteilung und alle zur Begründung der Befreiung erforderlichen Informationen so vorzuhalten sein, dass eine unverzügliche Veröffentlichung jederzeit erfolgen kann.[362] Zusätzlich sollte der Emittent das Handelsvolumen[363] oder den Börsenkurs im Auge behalten, da gerade sprunghafte Kursverläufe ein Indiz für ein Informationsleck darstellen können.[364]

Losgelöst von den möglichen Maßnahmen wird angemerkt, dass § 7 Nr. 2 WpAIV aufgrund fehlender Rechtsgrundlage generell unwirksam sei,[365] da Art. 3 Abs. 2 S. 2 lit. c) DRL den Vorgaben der Marktmissbrauchsrichtlinie widerspreche und somit gegen die Anforderungen des Lamfalussy-Verfahrens verstoße.[366] Dieses vierstufige Rechtsetzungsverfahren der EU dient der vereinfachten und beschleunigten Gesetzgebung im Finanzsektor.[367] Basierend auf der Rahmengesetzgebung der ersten Stufe, werden auf der zweiten Stufe die entsprechenden Durchführungsmaßnahmen ausgearbeitet.[368] Die Kompetenzverteilung dieses Verfahrens beruht grundsätzlich darauf, die Vorgaben der jeweils höheren Stufe einzuhalten.[369] Entsprechend sieht auch Art 17. Abs. 2 MMRL vor, dass deren wesentliche Bestimmungen durch die Durchführungsrichtlinie nicht geändert werden dürfen. Eine irreguläre Erweiterung der Anforderungen an die Vertraulichkeitsgewährleistung von Art. 6 Abs. 2 MMRL durch Art. 3 Abs. 2 S. 2 lit. c) DRL begründe sich allerdings darin, dass die Pflicht, am Ende der Selbstbefreiung stets zur

---

361 KK-WpHG/*Klöhn*, 2. Aufl., § 15 Rn. 310.

362 Schäfer/Hamann/*Geibel/Schäfer*, KMG, WpHG, § 15 Rn. 137; in diesem Sinne auch *Brandi/ Süßmann*, AG 2004, 642, 650; ähnlich auch *Harbath*, ZIP 2005, 1898, 1906, der darin aber scheinbar keine Pflicht sieht.

363 KK-WpHG/*Klöhn*, 2. Aufl., § 15 Rn. 310; BaFin, Emittentenleitfaden 2013, S. 61.

364 Fuchs/*Pfüller*, WpHG, § 15 Rn. 397; ähnlich BaFin, Emittentenleitfaden 2013, S. 61.

365 *Schröder*, Die Selbstbefreiung von der Ad-hoc-Publizität, S.138 f.

366 *Schröder*, Die Selbstbefreiung von der Ad-hoc-Publizität, S.138.

367 *Weber-Rey/Baltzer*, in: Hopt/Wohlmannstetter (Hrsg.), HB Corporate Governance, S. 439 f.; *Schmolke*, NZG 2005, 912.

368 *Rötting/Lang*, EuZW 2012, 8.

369 *Schröder*, Die Selbstbefreiung von der Ad-hoc-Publizität, S.138.

Bekanntmachung der Insiderinformation in der Lage sein zu müssen, begrifflich nichts mit der Gewährleistung der Vertraulichkeit zu tun hat.[370] Somit müsse Art. 3 Abs. 2 S. 2 lit. c) DRL als rechtswidrig und wirkungslos angesehen werden.[371]

Dieser Meinung ist sich grundsätzlich anzuschließen. Wenn vom Emittent verlangt wird, Vorkehrungen zu treffen, durch die er Insiderinformationen unverzüglich veröffentlichen kann, sobald er zur Vertraulichkeitsgewährleistung nicht mehr in der Lage ist, ist dies in der Sache zwar zutreffend, jedoch keine Voraussetzung der Vertraulichkeitsgewährleistung, sondern der unverzüglichen Veröffentlichung nach § 15 Abs. 1 S. 1 WpHG an sich.[372] Insofern dienen die Maßnahmen aus § 7 Nr. 2 WpAIV und Art. 3 Abs. 2 S. 2 lit. c) DRL nicht dazu, die Vertraulichkeit sicherzustellen, sondern sofortige Ad-hoc-Mitteilungen machen oder nach § 15 Abs. 3 S. 2 WpHG nachholen zu können,[373] wenn erkannt wurde, dass die Vertraulichkeit durch ein Informationsleck eben gerade nicht mehr gewährleistet ist. Der Verstoß gegen die Vorgaben des Lamfalussy-Verfahrens bleibt somit im Ergebnis folgenlos, da der Emittent mangels Selbstbefreiungsgründen nach § 15 Abs. 1 S. 1 WpHG ohnehin zur unverzüglichen Veröffentlichung in der Lage sein muss[374] bzw. nach Wegfall der Befreiungsvoraussetzungen, die Veröffentlichung gem. § 15 Abs. 3 S. 2 WpHG unverzüglich nachzuholen hat.[375]

Streng genommen muss der Emittent zur Gewährleistung der Vertraulichkeit somit keine Maßnahmen ergreifen, anhand derer er eine nicht (mehr) bestehende Vertraulichkeit sofort erkennen und die Insiderinformation unverzüglich veröffentlichen kann. Dass er dazu trotzdem verpflichtet ist, ergibt sich vielmehr direkt aus der Veröffentlichungspflicht von § 15 Abs. 1

---

370 *Schröder*, Die Selbstbefreiung von der Ad-hoc-Publizität, S.138.

371 *Schröder*, Die Selbstbefreiung von der Ad-hoc-Publizität, S.138.

372 Siehe auch *Schröder*, Die Selbstbefreiung von der Ad-hoc-Publizität, S.138 f.

373 Ähnlich *Kuthe*, ZIP 2004, 883, 885.

374 Im Ergebnis auch *Schröder*, Die Selbstbefreiung von der Ad-hoc-Publizität, S.139.

375 *Schröder*, Die Selbstbefreiung von der Ad-hoc-Publizität, S.175.

S. 1 WpHG und § 15 Abs. 3 S. 2 WpHG, wodurch § 7 Nr. 2 WpAIV im Grunde genommen obsolet ist.

3 Vertraulichkeitslücken trotz fehlender Pflichtverletzung

Teilweise wird im Schrifttum vertreten, dass die Vertraulichkeit nicht gewährleistet sei, sobald zumindest zutreffende Marktgerüchte entstehen, ganz gleich welcher Sphäre diese entstammten.[376] Dies ergebe sich aus dem Regel-Ausnahmeverhältnis von § 15 Abs. 1 WpHG und § 15 Abs. 3 WpHG, nach welchem Kapitalmarktinteressen im Zweifel immer Vorrang hätten, weshalb schon das Irreführungsverbot an keine vorwerfbare Handlung des Emittenten anknüpfe und die Vertraulichkeitsgewährleistung systematisch gleich zu behandeln sei.[377]

Dass die Vertraulichkeit auch dann nicht mehr gewährleistet sein soll, wenn die Gerüchte oder Informationen nicht auf eine Vertraulichkeitslücke des Emittenten zurückgehen, wird von der ganz herrschenden Meinung abgelehnt.[378] Zum einen indiziere bereits der Wortlaut von § 15 Abs. 3 S. 1 WpHG, dass es bei der Vertraulichkeitsgewährleistung auf eine subjektive Betrachtung ankommt.[379] Zum anderen könnten Marktteilnehmer durch ständiges Gerüchte streuen, den Emittenten zur Ad-hoc-Publizität zwingen.[380]

---

376 Generell *Kuthe*, ZIP 2004, 883, 885; zumindest bei zutreffendem Tatsachenkern *Parmentier*, NZG 2007, 407, 416 und *Brandi/Süßmann*, AG 2004, 642, 652 f., 657.

377 *Fleischer/Schmolke*, AG 2007, 841, 851.

378 BaFin, Emittentenleitfaden 2013, S. 61; Schäfer/Hamann/*Geibel/Schäfer*, KMG, WpHG, § 15 Rn. 138; Assmann/Schneider/*Assmann*, WpHG, § 15 Rn. 169; Fuchs/*Pfüller*, WpHG, § 15 Rn. 396; KK-WpHG/*Klöhn*, 2. Aufl., § 15 Rn. 311; *Schröder*, Die Selbstbefreiung von der Ad-hoc-Publizität, S.145 f.; *Gunßer*, Ad-hoc-Publizität bei Unternehmenskäufen, S. 102; *Petsch*, Kapitalmarktrechtliche Informationspflichten, S. 126; *Buck-Heeb*, Kapitalmarktrecht, Rn. 357; *Merkner/Sustmann*, NZG 2005, 729, 731; *Diekmann/Sustmann*, NZG 2004, 929, 935.

379 Schäfer/Hamann/*Geibel/Schäfer*, KMG, WpHG, § 15 Rn. 138; *Gunßer*, Ad-hoc-Publizität bei Unternehmenskäufen, S. 102; vgl. auch oben C) II) 2) b).

380 *Schröder*, Die Selbstbefreiung von der Ad-hoc-Publizität, S.146; Fuchs/*Pfüller*, WpHG, § 15 Rn. 396; *Diekmann/Sustmann*, NZG 2004, 929, 935.

Die Meinungen gehen allerdings dahin auseinander, dass vereinzelt für zumindest zutreffende Gerüchte eine Veröffentlichungspflicht verlangt wird, solange der Emittent nicht sichergestellt habe, dass das Gerücht durch gezieltes Gerüchte streuen, nur zufällig mit der Insiderinformation übereinstimmt.[381] Andere hingegen sehen die Vertraulichkeit selbst dann als gewährleistet an, wenn zutreffende Informationen nach außen gedrungen sind, sofern der Emittent seinen Organisationspflichten nachgekommen sei.[382]

Da es sich bei den Anforderungen an die Vertraulichkeitsgewährleistung um Organisationspflichten handelt und das Gesetz somit, anders als bei der Irreführungsgefahr, keine Erfolgshaftung statuiert, sondern Verhaltenspflichten aufstellt,[383] ist sich der herrschenden Meinung anzuschließen. Hat der Emittent wirksame organisatorische Vorkehrungen getroffen, ist die Vertraulichkeit trotz aufkommender Gerüchte seinerseits gewährleistet.[384] Sofern der Emittent alles Zumutbare getan hat, um die Vertraulichkeit zu gewährleisten, gilt dies selbst bei zutreffenden Gerüchten oder Informationen, da solche auch durch eine Informationslücke beim Verhandlungspartner und somit nicht im Herrschaftsbereich des Emittenten entstanden sein können.[385] Daher ist dem Emittenten anzuraten, den Zugang zu Insiderinformationen und den Informationsfluss möglichst genau zu dokumentieren, um gegebenenfalls Nachweise über die eingehaltene Vertraulichkeit führen zu können; wobei die Dokumentationspflicht grundsätzlich schon gem. § 15b WpHG besteht, der zum führen von Insiderverzeichnissen verpflichtet.[386]

Mit Geltung der MMVO wird der Emittent bezüglich der Vertraulichkeitsgewährleistung jedoch einer verschärften Veröffentlichungspflicht unterlie-

---

381 *Schröder*, Die Selbstbefreiung von der Ad-hoc-Publizität, S.146; ähnlich Fuchs/*Pfüller*, WpHG, § 15 Rn. 396.

382 KK-WpHG/*Klöhn*, 2. Aufl., § 15 Rn. 311; in die Richtung Schäfer/Hamann/*Geibel/Schäfer*, KMG, WpHG, § 15 Rn. 138.

383 KK-WpHG/*Klöhn*, 2. Aufl., § 15 Rn. 301; vgl. oben C) II) 2) b).

384 KK-WpHG/*Klöhn*, 2. Aufl., § 15 Rn. 301, 311; Schäfer/Hamann/*Geibel/Schäfer*, KMG, WpHG, § 15 Rn. 138.

385 Schäfer/Hamann/*Geibel/Schäfer*, KMG, WpHG, § 15 Rn. 138; *Pattberg/Bredol*, NZG 2013, 87, 90 f.

386 *Gunßer*, Ad-hoc-Publizität bei Unternehmenskäufen, S. 102.

gen. So wird nach Art. 17 Abs. 7 Unterabs. 2 MMVO eine fehlende Vertraulichkeitsgewährleistung bereits vermutet, wenn ein Gerücht auf eine Insiderinformation Bezug nimmt und dabei ausreichend präzise ist. Dies hat zur Folge, dass Gerüchte zukünftig die Gewährleistung der Vertraulichkeit auch dann entfallen lassen können, wenn sie nicht auf eine Vertraulichkeitslücke beim Emittenten zurückzuführen sind.[387]

Zusammengefasst entfällt die Gewährleistung der Vertraulichkeit derzeit nicht schon dadurch, dass Informationen oder Gerüchte in den Markt gelangen. Solange der Emittent seine Organisationspflichten erfüllt und dies dokumentiert, sind ihm diesbezüglich weder etwaige Vertraulichkeitslücken und erst recht keine rein spekulativen Gerüchte zurechenbar. Anders gestaltet sich dies zukünftig durch Art. 17 Abs. 7 Unterabs. 2 MMVO, wonach ein ausreichend präzises Gerücht die Gewährleistung der Vertraulichkeit trotz fehlender Pflichtverletzung entfallen lassen kann.

Die Vertraulichkeit der Insiderinformation ist nach § 15 Abs. 3 S. 1 WpHG gewährleistet, wenn der Emittent nachweislich, die im Einzelfall erforderlichen organisatorischen Maßnahmen ergriffen hat, durch die die Information nach Möglichkeit auf die Personen beschränkt bleibt, die diese für ihre Aufgaben notwendigerweise benötigen. Mit Geltung der MMVO kann ein präzises Gerücht die Gewährleistung der Vertraulichkeit allerdings trotz aller Vorkehrungen entfallen lassen. Maßnahmen, durch die eine Information bei fehlender Vertraulichkeit unverzüglich veröffentlicht werden kann, sind generell keine Voraussetzung für die Vertraulichkeitsgewährleistung, sondern ergeben sich schon aus der Ad-hoc-Publizitätspflicht an sich.

Die materiellen Voraussetzungen für den Aufschub der Ad-hoc-Publizitätspflicht nach § 15 Abs. 3 S. 1 WpHG liegen mithin vor, wenn der Emittent zum einen seinen Organisationspflichten nachkommt, um die Vertraulichkeit der Insiderinformation zu gewährleisten. Kommt er diesen Pflichten nach, muss die Insiderinformation dennoch veröffentlicht werden, sofern zu befürchten ist, dass Informationshändler, aufgrund irriger Vorstellungen über die geheim gehaltene Information, im Markt agieren. Aber selbst bei fehlender Irreführungsgefahr ist ein Aufschub nur solange legitim, wie die

---

387 *Krause*, CCZ 2014, 248, 255 f.

Kosten einer Veröffentlichung für die Aktionäre des Emittenten höher sind, als die Kosten, die den Informationshändlern während der Selbstbefreiung entstehen.

D Formale Voraussetzungen für den Aufschub der Ad-hoc-Publizität

Sind die materiellen Voraussetzungen für den Aufschub der Ad-hoc-Publizitätspflicht nach § 15 Abs. 3 S. 1 WpHG erfüllt, stellt sich die Frage, ob es für die Selbstbefreiung weiterer formaler Voraussetzungen bedarf. Dabei ist vor allem umstritten, ob der Aufschub eine bewusste Entscheidung des Emittenten voraussetzt oder automatisch kraft Gesetzes eintritt. Verlangt man eine bewusste Entscheidung, schließt sich die Frage an, ob der Beschluss vom Vorstand getroffen werden muss oder er die Entscheidungskompetenz delegieren kann. Abschließend soll untersucht werden, inwieweit auch eine vorsorgliche Selbstbefreiungsentscheidung möglich ist.

I Erfordernis einer bewussten Entscheidung

Die Frage, ob eine Selbstbefreiung von einer bewussten Entscheidung abhängt, ist vor allem relevant, wenn der Emittent eine grundsätzliche Veröffentlichungspflicht nach § 15 Abs. 1 S. 1 WpHG nicht erkennt oder irrtümlich verneint, gleichzeitig aber auch die materiellen Befreiungsvoraussetzungen erfüllt sind. Erachtet man einen aktiven Beschluss als Merkmal der Selbstbefreiung, würde ein Aufschub in entsprechenden Fällen ausscheiden.[388] Da die Zahl derer, die sich für eine bewusste Entscheidung aussprechen, ebenso hoch ist,[389] wie die Anzahl derjenigen, die eine Befreiung ex lege verlangen,[390] sollen beide Ansichten im Folgenden gegenübergestellt und anschließend bewertet werden.

---

388 *Schröder*, Die Selbstbefreiung von der Ad-hoc-Publizität, S.164 f.

389 BaFin, Emittentenleitfaden 2013, S. 59; Fuchs/*Pfüller*, WpHG, § 15 Rn. 343 ff.; *Buck-Heeb*, Kapitalmarktrecht, Rn. 345; *Schröder*, Die Selbstbefreiung von der Ad-hoc-Publizität, S.166 f.; *Petsch*, Kapitalmarktrechtliche Informationspflichten, S. 126 f.; *Schneider/Gilfrich*, BB 2007, 53, 53 ff.; *Pattberg/Bredol*, NZG 2013, 87, 87 f.; *Bedkowski*, BB 2009, 394, 399; *Harbath*, ZIP 2005, 1898, 1906; *Mennicke*, NZG 2009, 1059, 1061 f.; wohl auch OLG Frankfurt a.M., NJW 2009, 1520, 1521.

390 OLG Stuttgart, NZG 2009, 624, 635; Assmann/Schneider/*Assmann*, WpHG, § 15 Rn. 165a ff.; Schwark/Zimmer/*Zimmer/Kruse*, KMRK, WpHG, § 15 Rn. 54;

1 Beschlusserfordernis

Diejenigen, die eine bewusste Entscheidung verlangen, sehen ein solches Erfordernis durch den Wortlaut von Art. 6 Abs. 2 S. 1 MMRL begründet. Die dortige Formulierung „Ein Emittent darf (…) aufschieben“, lasse erkennen, dass der europäische Gesetzgeber für den Aufschub eine aktive Handlung und eine dafür entsprechend vorgelagerte bewusste Entscheidung verlange.[391] Dass sich der deutsche Gesetzgeber den europäischen Vorgaben angeschlossen habe, verdeutliche sich mit Blick auf die Gesetzesbegründung zum AnSVG,[392] in der es heißt „wesentliche Neuerung ist auch die Möglichkeit des Emittenten, über einen Aufschub einer Ad-hoc-Veröffentlichung eigenverantwortlich zu entscheiden“[393].

Bräuchte es keiner bewussten Entscheidung, machten ferner auch die Wortlaute von § 15 Abs. 3 S. 4 WpHG und dessen Präzisierung in § 8 Abs. 5 Nr. 2 a) WpAIV keinen Sinn.[394] Hiernach hat der Emittent bei Nachholung der Ad-hoc-Mitteilung, neben den Befreiungsgründen, auch Angaben über den Zeitpunkt der Aufschubentscheidung zu machen. Auch § 8 Abs. 5 Nr. 2 b) WpAIV, wonach diesbezüglich sämtliche Personen angegeben werden müssen, die an der Entscheidung beteiligt waren, käme kein Gehalt mehr zu.[395]

KK-WpHG/*Klöhn*, 2. Aufl., § 15 Rn. 312 ff.; *ders*., ZHR 178 (2014), 55, 94 f.; KK-WpHG/*Versteegen*, 1. Aufl., § 15 Rn. 168 f.; *Zimmer*, in: FS Schwark, 669, 671; *Hopt*, in: Schimansky/Bunte/ Lwowski (Hrsg.), BankR-HB, § 107 Rn. 96; *Ihrig*, in: GesR in der Diskussion, 113, 129 f.; *ders./Kranz*, BB 2013, 451, 452 ff.

391 Fuchs/*Pfüller*, WpHG, § 15 Rn. 345; *Buck-Heeb*, Kapitalmarktrecht, Rn. 345; *Schröder*, Die Selbstbefreiung von der Ad-hoc-Publizität, S. 167; *Pattberg/Bredol*, NZG 2013, 87; *Mennicke*, NZG 2009, 1059, 1061; *Schneider/Gilfrich*, BB 2007, 53, 54.

392 *Mennicke*, NZG 2009, 1059, 1061.

393 RegE zum AnSVG, BT-Drucks. 15/3174, S. 27.

394 Fuchs/*Pfüller*, WpHG, § 15 Rn. 346; *Schröder*, Die Selbstbefreiung von der Ad-hoc-Publizität, S. 165; *Bedkowski*, BB 2009, 394, 398; *Mennicke*, NZG 2009, 1059, 1061.

395 *Mennicke*, NZG 2009, 1059, 1061.

Des Weiteren stütze auch die historische Auslegung diese Sichtweise.[396] So oblag bis zum Inkrafttreten des AnSVG die Entscheidungsbefugnis über einen Aufschub nach § 15 Abs. 1 S. 5 WpHG a. F. der BaFin. Diese Entscheidungsbefugnis wurde auf den Emittenten übertragen, ohne erkennbare Hinweise, dass der Entscheidungsakt entfallen solle und die Selbstbefreiung schon per Gesetz eintrete.[397]

2 Befreiungswirkung kraft Gesetz

Die Gegenmeinung verweist darauf, dass bereits der Wortlaut von § 15 Abs. 3 S. 1 WpHG keine aktive Entscheidung fordere, sondern der Emittent befreit „ist", wenn die oben genannten objektiven Voraussetzungen vorliegen.[398] Dies stehe auch nicht zwingend im Widerspruch zu § 15 Abs. 3 S. 4 WpHG und § 8 Abs. 5 Nr. 2 WpAIV.[399] Die Normen könnten auch so verstanden werden, dass Angaben über den Zeitpunkt der Entscheidung der BaFin im Nachhinein nur mitgeteilt werden müssen, wenn eine Entscheidung auch tatsächlich getroffen wurde.[400] Liegt eine solche nicht vor, seien nur die Gründe anzugeben, die den Aufschub rechtfertigen[401] und der Zeitpunkt, in dem die Information hätte veröffentlicht werden müssen, wenn die objektiven Befreiungsmerkmale nicht vorgelegen hätten.[402] Folglich sei es unverhältnismäßig, wenn die Vorgaben aus § 15 Abs. 3 S. 4 WpHG gleich die ganze Selbstbefreiung entfallen lassen würde.[403]

Daneben lasse sich das Erfordernis einer Entscheidung auch nicht zwingend Art. 6 Abs. 2 S. 1 MMRL entnehmen, da dieser mit der Formulierung „auf

---

396 Fuchs/*Pfüller*, WpHG, § 15 Rn. 346; *Mennicke*, NZG 2009, 1059, 1061; *Schneider/Gilfrich*, BB 2007, 53, 54.

397 Fuchs/*Pfüller*, WpHG, § 15 Rn. 346; *Mennicke*, NZG 2009, 1059, 1061; *Schneider/Gilfrich*, BB 2007, 53, 54.

398 OLG Stuttgart, NZG 2009, 624, 635; Assmann/Schneider/*Assmann*, WpHG, § 15 Rn. 165d; Schwark/Zimmer/*Zimmer/Kruse*, KMRK, WpHG, § 15 Rn. 54; *Nietsch*, BB 2005, 785, 786.

399 In diesem Sinne OLG Stuttgart, NZG 2009, 624, 635.

400 *Ihrig/Kranz*, BB 2013, 451, 453; KK-WpHG/*Klöhn*, 2. Aufl., § 15 Rn. 317.

401 *Ihrig/Kranz*, BB 2013, 451, 453.

402 Assmann/Schneider/*Assmann*, WpHG, § 15 Rn. 165d; *Zimmer*, in: FS Schwark, 669, 671; ähnlich KK-WpHG/*Versteegen*, 1. Aufl., § 15 Rn. 170.

403 KK-WpHG/*Versteegen*, 1. Aufl., § 15 Rn. 170.

eigene Verantwortung", lediglich rein deklaratorisch darauf hinweise, dass der Aufschub nicht mehr von einer Behördenentscheidung abhängt, sondern nunmehr im Verantwortungsbereich des Emittenten liegt, ohne ihm gleich vorzuschreiben, ob und in welcher Form er über den Aufschub zu entscheiden habe.[404]

Darüber hinaus löse die Einführung eines zusätzlichen ungeschriebenen Tatbestandsmerkmals auch verfassungsrechtliche Bedenken aus.[405] Da Art. 103 Abs. 2 GG verlangt, dass niemand unter Strafe gestellt werden kann, wenn die Strafbarkeit nicht gesetzlich bestimmt war, bevor die Tat begangen wurde, verbiete der Bußgeldcharakter von § 15 Abs. 3 S. 1 WpHG, aufgrund des eindeutigen Wortlauts, eine erweiternde analoge Auslegung unter Heranziehung von § 15 Abs. 3 S. 4 WpHG oder § 8 Abs. 5 WpAIV und somit das Hineinlesen ungeschriebener Merkmale in den gesetzlichen Tatbestand zum Nachteil des Emittenten.[406]

3 Stellungnahme

Die Ansicht, dass für den Aufschub der Ad-hoc-Publizität ein Beschluss seitens des Emittenten erforderlich ist, ist abzulehnen. Ob man ein Beschlusserfordernis bereits aufgrund des Analogieverbots nach Art. 103 Abs. 2 GG bzw. § 3 OWiG – der den gleichen Tatbestand in Bezug auf Ordnungswidrigkeiten erfasst – ablehnen kann, ist fraglich, da es sich bei § 15 WpHG nicht nur um einen Bußgeldtatbestand i. S. v. § 39 Abs. 2 Nr. 2 lit. c), Nr. 5 lit. a), Nr. 6 und 7 WpHG handelt, sondern ein Verstoß gegen § 15 WpHG auch zivilrechtliche Schadensersatzansprüche nach § 37b WpHG nach sich zieht, welche nicht am Analogieverbot scheitern.[407] Allerdings kommt es darauf auch nicht an. Nicht nur, dass der Wortlaut von § 15 Abs. 3

---

404 Schwark/Zimmer/*Zimmer/Kruse*, KMRK, WpHG, § 15 Rn. 54; *Ihrig/Kranz*, BB 2013, 451, 453; im Ergebnis auch KK-WpHG/*Klöhn*, 2. Aufl., § 15 Rn. 316.

405 *Zimmer*, in: FS Schwark, 669, 671.

406 Schwark/Zimmer/*Zimmer/Kruse*, KMRK, WpHG, § 15 Rn. 54; *Ihrig/Kranz*, BB 2013, 451, 453.

407 In diesem Sinne, *Widder*, BB 2009, 967, 971; zur allg. Diskussion über die gespaltene Auslegung im Kapitalmarktrecht *Hammen*, Der Konzern 2009, 18, 20 f.

S. 1 WpHG keine subjektiven Tatbestandsmerkmale beinhaltet, steht § 15 Abs. 3 S. 4 WpHG zu Absatz 1 auch nicht im Widerspruch, da es sich hierbei um eine der Befreiung nachgelagerte Pflicht handelt.[408]

Entscheidendes Argument gegen die Forderung einer bewussten Befreiungsentscheidung ist jedoch der Zweck von § 15 Abs. 3 S. 1 WpHG. Sofern die materiellen Tatbestandsvoraussetzungen erfüllt sind, ist nicht einzusehen, weshalb der Aufschub noch einen Beschluss voraussetzen sollte.[409] Nicht nur dass der Markt keinerlei weitere Vorteile dadurch hätte,[410] würde eine Beschlusspflicht nur zu einem übertriebenen Formalismus führen.[411] Zusätzlich würden Anleger Schadensersatzansprüche nur aufgrund eines fehlenden Beschlusses geltend machen können, weil sie zufällig während der Aufschubphase gehandelt haben.[412] Dies würde zu unbilligen Ergebnissen führen, da es für den Normzweck der Befreiung – also den Schutz der Aktionärsinteressen – ohne Belang ist, ob der Emittent erkennt, dass von vornherein objektiv keine Veröffentlichungspflicht bestand.[413]

Zu guter Letzt unterstreicht auch die Marktmissbrauchsverordnung, dass es für den Aufschub keiner Entscheidung bedarf, da sich aus Art. 17 Abs. 4 Unterabs. 3 S. 1 MMVO ergibt, dass der Behörde nach Offenlegung des Aufschubs lediglich mitzuteilen ist, inwieweit die Aufschubbedingungen erfüllt waren. Eine Information über das Zustandekommen einer Entscheidung ist hingegen nicht vorgesehen.[414] Folglich dürfte sich die Diskussion für Sachverhalte, die nach dem 2.7.2016 entstehen, ohnehin erledigen.

---

[408] Schwark/Zimmer/*Zimmer/Kruse*, KMRK, WpHG, § 15 Rn. 54.

[409] KK-WpHG/*Klöhn*, 2. Aufl., § 15 Rn. 315; *ders.*, ZHR 178 (2014), 55, 95 f.; Schwark/Zimmer/*Zimmer/Kruse*, KMRK, WpHG, § 15 Rn. 54; *Ihrig/Kranz*, BB 2013, 451, 454.

[410] KK-WpHG/*Klöhn*, 2. Aufl., § 15 Rn. 315; *ders.*, ZHR 178 (2014), 55, 95 f.

[411] *Ihrig/Kranz*, BB 2013, 451, 454.

[412] KK-WpHG/*Klöhn*, 2. Aufl., § 15 Rn. 315; *ders.*, ZHR 178 (2014), 55, 96.

[413] *Ihrig/Kranz*, BB 2013, 451, 454.

[414] *Ihrig/Kranz*, BB 2013, 451, 454.

Nichtsdestotrotz sollte der Emittent das Vorliegen der Befreiungsvoraussetzungen sorgfältig prüfen und eine bewusste Entscheidung über den Aufschub treffen.[415] Zum einen hat der BGH bislang davon abgesehen, darüber zu entscheiden, ob ein Beschluss erforderlich ist,[416] wodurch die Gefahr besteht, dass die BaFin und gegebenenfalls die Gerichte die Situation nachträglich anders bewerten.[417] Zum anderen trägt der Emittent im Falle späterer Zivilprozesse nach den allgemeinen zivilprozessualen Grundsätzen die Darlegungs- und Beweislast für das Vorliegen der Befreiungsvoraussetzungen.[418] Dementsprechend sollte der Emittent, trotz fehlender gesetzlicher Vorschriften, die Entscheidung und den Vorgang der Selbstbefreiung schriftlich dokumentieren.[419]

Es bleibt festzuhalten, dass die Selbstbefreiung keinen Beschluss voraussetzt, sondern in dem Moment eintritt, in dem die materiellen Voraussetzungen dafür vorliegen. Aus Beweiszwecken ist allerdings anzuraten, bewusste Aufschubentscheidungen zu treffen und diese zu dokumentieren. Daran schließt die Frage an, wer diese Entscheidungen gegebenenfalls treffen darf, was trotz der hier vertretenen ablehnenden Meinung folgend beantwortet werden soll.

II Entscheidungskompetenz

Die BaFin geht davon aus, dass ein Beschluss durch das geschäftsführende Organ herbeizuführen sei, wobei an der Befreiungsentscheidung mindestens ein ordentliches Vorstandsmitglied mitzuwirken habe.[420] Die absolut herrschende Meinung im Schrifttum spricht sich dagegen für eine grundsätzlich unbeschränkte Delegationsmöglichkeit auf Gremien oder untergeordnete

---

[415] KK-WpHG/*Versteegen*, 1. Aufl., § 15 Rn. 172; *Ihrig/Kranz*, BB 2013, 451, 454.

[416] BGH, NZG 2013, 708 Rn. 33.

[417] KK-WpHG/*Versteegen*, 1. Aufl., § 15 Rn. 172; *Ihrig/Kranz*, BB 2013, 451, 454.

[418] *Ihrig/Kranz*, BB 2013, 451, 456 Fn. 59; *Pattberg/Bredol*, NZG 2013, 87, 88; *Mennicke*, NZG 2009, 1059, 1061.

[419] *Ihrig/Kranz*, BB 2013, 451, 456 Fn. 59; *Pattberg/Bredol*, NZG 2013, 87, 88; *Harbath*, ZIP 2005, 1898, 1906.

[420] BaFin, Emittentenleitfaden 2013, S. 59.

Abteilungen aus.[421] Denn zum einen schreibe das Gesetz keinen zwingenden Vorstandsbeschluss vor[422] und zum anderen handele es sich bei solchen Entschlüssen um keine originären Leitungs- und Führungsaufgaben.[423] Eine Einzelmeinung folgt hingegen der Ansicht der BaFin, da angesichts der Außendarstellung kursrelevanter Informationen für das Unternehmen und der vergleichsweise geringen Durchschnittsanzahl von Ad-hoc-Mitteilungen innerhalb eines Geschäftsjahres, die Annahme einer originären Führungsaufgabe nicht ohne Weiteres in Abrede gestellt werden könne.[424]

Der Ansicht der BaFin, dass nur der Vorstand über die Selbstbefreiung entscheiden könne, kann aber schon deshalb nicht gefolgt werden, da deren Ausführungen widersprüchlich sind.[425] So betont die BaFin, dass mindestens ein Vorstandsmitglied am Beschluss beteiligt sein müsse, verlangt aber im Satz zuvor, dass eine Entscheidung vom gesamten geschäftsführenden Organ zu treffen sei.[426] Daneben greifen die von der BaFin aufgestellten Voraussetzungen auch in die gesellschaftsinterne Kompetenzverteilung ein, die sich allein aus Gesetz, Satzung oder Geschäftsordnung ergibt.[427] Weder das WpHG noch die WpAIV erlauben der BaFin, rechtsverbindliche Regeln für die Beschlusskompetenz aufzustellen.[428] Folglich sind deren Ausführungen hierzu rechtlich nicht haltbar.[429]

Unabhängig von den irreführenden Aussagen der BaFin, kann die Selbstbefreiungsentscheidung auch deshalb vom Vorstand delegiert werden, da es

---

421 *Schröder*, Die Selbstbefreiung von der Ad-hoc-Publizität, S. 167; DAV Handelsrechtsausschuss, NZG 2009, 175, 179; *Pattberg/Bredol*, NZG 2013, 87, 88; *Ihrig*, in: GesR in der Diskussion, 113, 130 f.; *ders./Kranz*, BB 2013, 451, 455 f.; *Widder*, BB 2009, 967, 972; *Mennicke*, NZG 2009, 1059, 1062 f.; *Schneider/Gilfrich*, BB 2007, 53, 55.

422 DAV Handelsrechtsausschuss, NZG 2009, 175, 179; *Pattberg/Bredol*, NZG 2013, 87, 88.

423 *Pattberg/Bredol*, NZG 2013, 87, 88; *Schneider/Gilfrich*, BB 2007, 53, 55.

424 *Krämer/Heinrich*, ZIP 2009, 1737, 1741.

425 *Ihrig/Kranz*, BB 2013, 451, 455; *Mennicke*, NZG 2009, 1059, 1062.

426 *Mennicke*, NZG 2009, 1059, 1062.

427 *Pattberg/Bredol*, NZG 2013, 87, 88.

428 *Pattberg/Bredol*, NZG 2013, 87, 88; *Mennicke*, NZG 2009, 1059, 1062.

429 So auch *Ihrig/Kranz*, BB 2013, 451, 455.

sich hierbei nicht um eine Leitungsentscheidung nach § 76 Abs. 1 AktG handelt,[430] nach dem der Vorstand die Gesellschaft unter eigener Verantwortung zu leiten hat. Zum einen zählen hierzu nur die für die strategische und personelle Ausrichtung unverzichtbaren Führungsaufgaben, die von einfachen Geschäftsführungsaufgaben abzugrenzen sind.[431] Zum anderen beziehen sich solche Leitungsaufgaben per Gesetz meist direkt auf den Vorstand,[432] während sich § 15 Abs. 1 S. 1 und Abs. 3 WpHG jedoch nur an den Emittenten richtet. Da es sich beim Selbstbefreiungsbeschluss somit um eine einfache Geschäftsführungsaufgabe handelt, ist es demnach möglich i .S. v. § 77 Abs. 1 S. 2 HS. 1 AktG per Satzung oder Geschäftsordnung von der in § 77 Abs. 1 S. 1 AktG normierten Grundregel, nach der der Vorstand nur gemeinsam entscheiden kann, abzuweichen und die Entscheidung auf einzelne Vorstandsmitglieder zu übertragen.[433] Somit ist es aktienrechtlich auch zulässig, wenn die Beschlusskompetenz auf die nachgeordnete Unternehmensebene delegiert wird.[434] Dem Vorstand bzw. dem zuständigen Vorstandsmitglied verbleibt allerdings die Pflicht, die Durchführung der Adhoc-Pflichten zu überwachen, da nicht die Aufgabe als solche delegiert wird, sondern nur deren Ausübung.[435]

Zusammengefasst bedarf es daher nicht zwingend eines Beschlusses durch ein Vorstandsmitglied oder gar des gesamten Geschäftsführungsorgans. Vielmehr kann die Entscheidungskompetenz delegiert werden, wobei dies den Vorstand aber nicht von seinen Kontrollpflichten entbindet.

III Vorsorgliche Selbstbefreiung

Letztlich bleibt zu klären, ob man einen Selbstbefreiungsbeschluss – sofern man ihn für erforderlich hält – auch vorsorglich bzw. hilfsweise treffen kann. Diese Frage stellt sich, wenn zwar die materiellen Voraussetzungen

---

430 *Ihrig/Kranz*, BB 2013, 451, 455.

431 *Ihrig/Kranz*, BB 2013, 451, 455.

432 *Ihrig/Kranz*, BB 2013, 451, 455.

433 *Ihrig/Kranz*, BB 2013, 451, 455.

434 *Ihrig/Kranz*, BB 2013, 451, 456.

435 *Mennicke*, NZG 2009, 1059, 1063; *Schneider/Gilfrich*, BB 2007, 53, 55; *Semler*, Leitung und Überwachung der AG, Rn. 24.

von § 15 Abs. 3 S. 1 WpHG gegeben sind, der Emittent sich jedoch nicht sicher ist, ob überhaupt eine veröffentlichungspflichtige Insiderinformation gegeben ist.

1 Ablehnung einer vorsorglichen Selbstbefreiung

Vereinzelt wird eine hilfsweise Selbstbefreiung abgelehnt, da dies ein Verstoß gegen die Gesetzessystematik von § 15 WpHG darstelle.[436] Demnach käme es auf den Aufschubtatbestand nach § 15 Abs. 3 S. 1 WpHG nur an, wenn überhaupt eine veröffentlichungspflichtige Insiderinformation nach § 15 Abs. 1 S. 1 WpHG vorliegt. Des Weiteren sei eine vorschnelle Befreiung mit Blick auf § 15 Abs. 3 S. 4 WpHG auch unpraktisch.[437] Nach der Norm hat der Emittent nach Wegfall der Selbstbefreiungsvoraussetzungen der BaFin nicht nur die Selbstbefreiungsgründe mitzuteilen, sondern auch die Mitteilung an sich. Wäre es dem Emittenten gestattet, sich in sämtlichen Zweifelsfällen über das Bestehen einer Insiderinformation, befreien zu können, würde die BaFin regelmäßig mit überflüssigen Mitteilungen „überflutet" werden.[438] Folglich sollte sich der Emittent im Zweifelsfall stets für die Veröffentlichung entscheiden, da die Mitteilung überflüssiger Informationen auch Sanktionen nach sich ziehe, wenn die Information unwahr ist.[439]

2 Befürwortung der vorsorglichen Selbstbefreiung

Laut Gegenmeinung lasse sich dem Gesetz dagegen nicht entnehmen, dass eine Selbstbefreiung nur zulässig sein soll, wenn der Emittent bei seiner Entscheidungsfindung ex ante zweifelsfrei erkennt, dass eine Insiderinformation vorliegt.[440] Darüber hinaus sei auch nicht zu befürchten, dass die BaFin mit überflüssigen Mitteilungen „überflutet" werde. Dies könne deswegen ausgeschlossen werden, da nur Informationen mitgeteilt werden

---

436 *Gunßer*, Ad-hoc-Publizität bei Unternehmenskäufen, S. 87.

437 *Gunßer*, Ad-hoc-Publizität bei Unternehmenskäufen, S. 87.

438 *Gunßer*, Ad-hoc-Publizität bei Unternehmenskäufen, S. 87.

439 *Schröder*, Die Selbstbefreiung von der Ad-hoc-Publizität, S. 201 f.

440 *Ihrig/Kranz*, BB 2013, 451, 457.

müssten, die am Ende der Aufschubphase überhaupt noch als Insiderinformation zu qualifizieren seien.[441] Lag mithin von vornherein keine Insiderinformation vor oder ist diese im Laufe des Selbstbefreiungszeitraums weggefallen, müsse sie nach der Selbstbefreiungsphase weder veröffentlicht, noch der BaFin mitgeteilt werden.[442]

3 Stellungnahme

Sobald die materiellen Tatbestandsvoraussetzungen von § 15 Abs. 3 S. 1 WpHG zweifelsfrei vorliegen, spricht grundsätzlich nichts gegen eine vorsorgliche Selbstbefreiung. Diese Ansicht kann allerdings nicht mit der Begründung gestützt werden, dass der BaFin nach Wegfall der Befreiungsvoraussetzungen nur Mitteilungen über Tatsachen gemeldet werden müssen, die am Ende der Selbstbefreiung tatsächlich (noch) als Insiderinformationen zu qualifizieren und somit veröffentlichungspflichtig sind. Zugegeben spricht der Wortlaut dafür, die BaFin allgemein nach Fortfall der Befreiungsphase nicht über Informationen in Kenntnis setzen zu müssen, die keine Insiderinformationen sind oder je waren.[443] So verweist § 15 Abs. 3 S. 4 WpHG hinsichtlich der Mitteilung über die Information auf § 15 Abs. 4 S. 1 WpHG, wonach den zuständigen Stellen „zu veröffentlichende" Informationen mitzuteilen sind. Liegt bei Wegfall der Befreiung aber keine Insiderinformation (mehr) vor, bedarf es auch keiner Veröffentlichungspflicht.[444] Daher könnte man annehmen, dass in diesen Fällen auch keine Mitteilungspflicht besteht. Daneben spricht auch die Systematik gegen die Mitteilung sämtlicher Selbstbefreiungsentscheidungen und für eine Entlastung der

---

441 *Ihrig*, in: GesR in der Diskussion, 113, 132; *ders./Kranz*, BB 2013, 451, 457; diese Ansicht allg. befürwortend BaFin, Emittentenleitfaden 2013, S. 59 f.; Assmann/Schneider/*Assmann*, WpHG, § 15 Rn. 176; Fuchs/*Pfüller*, WpHG, § 15 Rn. 400; KK-WpHG/*Versteegen*, 1. Aufl., § 15 Rn. 193; *Schneider*, BB 2005, 897, 901.

442 *Ihrig*, in: GesR in der Diskussion, 113, 132; *ders./Kranz*, BB 2013, 451, 457.

443 Im Ergebnis aber ablehnend *Zimmer*, in: FS Schwark, 669, 680; Schwark/Zimmer/*ders./Kruse*, KMRK, § 15 Rn. 77; KK-WpHG/*Klöhn*, 2. Aufl., § 15 Rn. 328.

444 KK-WpHG/*Klöhn*, 2. Aufl., § 15 Rn. 325 m. w. N.; a. A. *Tollkühn*, ZIP 2004, 2215, 2220.

BaFin,[445] da der nationale Gesetzgeber andernfalls auch gleich von der Möglichkeit des Art. 6 Abs. 2 S. 2 MMRL hätte Gebrauch machen können, nach der bereits zu Beginn jeder Aufschubphase eine Mitteilung verlangt werden kann.[446]

Um allerdings eine effektive Insiderüberwachung zu gewährleisten, fordert letztlich der Zweck von § 15 Abs. 3 S. 4 WpHG eine strenge Auslegung, so dass die BaFin auch über bewusst geheim gehaltene Informationen in Kenntnis zu setzen ist, die – nach Ansicht des Emittenten – im Nachhinein keine Insiderinformationen mehr sind oder jemals waren.[447] Dass die BaFin dadurch gegebenenfalls mit teils überflüssigen Informationen „überschwemmt" wird, ist aus ihrer Sicht in Kauf zu nehmen. Zum einen besteht der zusätzliche Aufwand ohnehin nur für Informationen, die ex post tatsächlich nie Insiderinformationen waren, da die vorsorgliche Selbstbefreiung für Informationen, die sich im Nachhinein als Insiderinformationen herausgestellt haben, keine hilfsweise, sondern eine „echte" Selbstbefreiung darstellt.[448] Zum anderen dürfte die Anzahl irrelevanter Informationen überschaubar sein, da der Emittent das Vorliegen einer Insiderinformation zumindest für möglich halten muss und Selbstbefreiungen nicht durch vorformulierte Vorratsbeschlüsse herbeiführen darf.[449] Letztlich liegt es auch im Kapitalmarktinteresse, dass sich der Emittent bei Zweifeln über das Bestehen einer Insiderinformation, für die die Befreiungsvoraussetzungen von § 15 Abs. 3 S. 1 WpHG vorliegen, nicht stets für eine Veröffentlichung entscheiden muss.[450] So schreibt § 15 Abs. 2 S. 1 WpHG vor, dass Informationen, die die Voraussetzungen von § 15 Abs. 1 WpHG nicht erfüllen, nicht veröffentlicht werden dürfen. Dies soll verhindern, dass der Kapitalmarkt nicht durch eine Informationsüberflutung desinformiert und beeinträchtigt

---

445 *Schneider*, BB 2005, 897, 901.

446 *Schneider*, BB 2005, 897, 901.

447 *Zimmer*, in: FS Schwark, 669, 680; Schwark/Zimmer/*ders.*/*Kruse*, KMRK, § 15 Rn. 77; KK-WpHG/*Klöhn*, 2. Aufl., § 15 Rn. 328.

448 *Schröder*, Die Selbstbefreiung von der Ad-hoc-Publizität, S. 204.

449 *Ihrig/Kranz*, BB 2013, 451, 456; *Pattberg/Bredol*, BB 2005, 87, 88 f.

450 So ähnlich aber *Schröder*, Die Selbstbefreiung von der Ad-hoc-Publizität, S. 201 f.

wird.[451] Folglich ist es eher hinzunehmen, dass der BaFin vereinzelt irrelevante Informationen mitgeteilt werden, als dem Kapitalmarkt.

Zusammengefasst ist eine vorsorgliche Selbstbefreiung zulässig, sofern der Beschluss mit einer konkreten Information im Zusammenhang steht und die Voraussetzungen von § 15 Abs. 3 S. 1 WpHG erfüllt sind. Dass der BaFin dadurch am Ende der Aufschubphase gegebenenfalls Informationen mitgeteilt werden, die nie oder nur zwischenzeitlich Insiderinformationen waren, ist in Abwägung mit dem Kapitalmarktinteresse zu akzeptieren.

Hinsichtlich möglicher formaler Voraussetzungen für die Selbstbefreiung, ist im Ergebnis zu konstatieren, dass es für die Selbstbefreiung keiner bewussten Aufschubentscheidung bedarf, diese zwecks Rechtssicherheit aber zu empfehlen ist. Dabei kann die Entscheidung zum einen vom Vorstand oder einer untergeordneten Stelle vorgenommen werden und zum anderen auch vorsorglich erfolgen.

---

451 Schwark/Zimmer/*Zimmer/Kruse,* KMRK, § 15 Rn. 107; *Pattberg/Bredol*, BB 2005, 87, 89.

E Zivilrechtliche Haftung aufgrund unrechtmäßiger Selbstbefreiung

Unterlässt es der Emittent, seiner Ad-hoc-Publizitätspflicht nach § 15 Abs. 1 S. 1 WpHG nachzukommen, obwohl die Voraussetzungen von § 15 Abs. 3 S. 1 WpHG von Anbeginn nicht erfüllt oder zwischenzeitlich entfallen sind, unterliegt er der Gefahr zivilrechtlicher Schadensersatzansprüche.[452] Daneben kann ein vorsätzlicher oder leichtfertiger Verstoß gegen § 15 Abs. 1 S. 1 WpHG eine Ordnungswidrigkeit i. S. v. § 39 Abs. 2 Nr. 5a WpHG darstellen und ein Bußgeld nach sich ziehen. An dieser Stelle soll sich allerdings nur mit der zivilrechtlichen Schadensersatzhaftung auseinandergesetzt werden. Dazu werden im Folgenden insbesondere die Anspruchsgrundlagen der §§ 37b, 37c WpHG thematisiert. Anschließend soll ein kurzer Überblick über die weiteren Haftungsnormen gegeben werden, aus denen sich möglicherweise Schadensersatzansprüche herleiten lassen. Die MMVO stellt zur zivilrechtlichen Haftung keinerlei Regelungen auf. Folglich ergeben sich mögliche Schadensersatzansprüche auch bei Verstößen gegen die Ad-hoc-Publizitätspflichten der MMVO weiterhin aus den nationalen Haftungsnormen.

I Schadensersatz nach §§ 37b, 37c WpHG

Verstößt der Emittent gegen seine Ad-hoc-Publizitätspflichten aus § 15 Abs. 1 - 4 WpHG, besagt § 15 Abs. 6 S. 1 WpHG, dass ein daraus entstehender Schaden nur unter den Voraussetzungen von §§ 37b, 37c WpHG geltend gemacht werden kann. Trotz ausdrücklicher Anerkennung individualrechtlicher Schadensersatzansprüche, hat der Gesetzgeber dadurch klargestellt, dass § 15 Abs. 1 S. 1 WpHG kein Schutzgesetz i. S. v. § 823 Abs. 2 BGB ist.[453] Der Wortlaut von §§ 37b, 37c WpHG verdeutlicht, dass einzig der Emittent Haftungsadressat ist, so dass bei beiden Anspruchsgrundlagen

---

452 *Stoppel*, in: Grunewald/Schlitt (Hrsg.), Einführung in das Kapitalmarktrecht, S. 285.

453 RegE zum 4. FFG, BT-Drucks. 14/8017, S. 87; Fuchs/*Fuchs*, WpHG, Vor §§ 37b, c Rn. 29; KK-WpHG/*Klöhn*, 2. Aufl., § 15 Rn. 464.

eine Organhaftung nicht in Betracht kommt.[454] Da Vorschläge der Regierungskommission „Corporate Governance", die eine Organhaftung vorgesehen hatten,[455] im weiteren Gesetzgebungsverfahren nicht umgesetzt wurden, ist aufgrund einer fehlenden planwidrigen Regelungslücke eine Organhaftung auch nicht qua analoger Anwendung herzustellen.[456]

§ 37b und § 37c WpHG unterscheiden sich grundsätzlich nur hinsichtlich der Tathandlung.[457] So haftet der Emittent nach § 37b WpHG, wenn er eine ihn unmittelbar betreffende Insiderinformation nicht oder verspätet veröffentlicht, nach § 37c WpHG dagegen, wenn die rechtzeitig veröffentlichte Insiderinformation unwahr ist. Dies beinhaltet auch unvollständige Informationen.[458] Da sich die vorliegende Arbeit primär mit der unterlassenen Ad-hoc-Meldung auseinandersetzt, werden die kommenden Untersuchungen unter dem Gesichtspunkt von § 37b WpHG durchgeführt. Explizite Ausführungen zu § 37c WpHG werden nur gemacht, soweit diese zur Untersuchung beitragen und sich auf § 37b WpHG übertragen lassen, was aufgrund der quasi identischen Normen ohnehin meist der Fall ist.

Nach § 37b Abs. 1 Nr. 1 WpHG sind diejenigen anspruchsberechtigt, die Finanzinstrumente nach Beginn der Desinformationsphase erwerben und sie an deren Ende noch halten oder diejenigen, die gem. § 37b Abs. 1 Nr. 2 die Finanzinstrumente vor Beginn der Desinformationsphase erwerben und vor deren Ende veräußern.[459] Höchst umstritten ist die Frage, welche Anforderungen an die Kausalität zwischen der unterlassenen Ad-hoc-Meldung und der Anlageentscheidung zu stellen sind. Bevor dementsprechend hierauf nachfolgend eingegangen wird, soll zuerst ermittelt werden, in welchem Umfang dem Anleger gegebenenfalls Schadensersatz zusteht, da auch diesbezüglich die Meinungen auseinandergehen.

---

454 Schwark/Zimmer/*Zimmer/Grotheer*, KMRK, § 37c Rn. 21.

455 Bericht der Regierungskommission „Corporate Governance", BT-Drucks. 14/7515 Rn. 186, als Vorschlag für § 79 Abs. 1 BörsG.

456 KK-WpHG/*Möllers/Leisch*, 2. Aufl., §§ 37b, c Rn. 89.

457 RegE zum 4. FFG, BT-Drucks. 14/8017, S. 94.

458 Assmann/Schneider/*Sethe*, WpHG, §§ 37b, 37c Rn. 68.

459 *Möllers/Leisch*, KK-WpHG, §§ 37b, c Rn. 273.

1 Schadensumfang

Die §§ 37b, 37c WpHG beinhalten keine Regelung hinsichtlich des zu ersetzenden Schadens.[460] Einigkeit besteht darüber, dass der Emittent nur das negative Interesse schuldet, der Anleger also so zu stellen ist, als ob der Emittent seine Pflichten zur Ad-hoc-Publizität ordnungsgemäß erfüllt hätte.[461] Streitig ist hingegen, wie das negative Interesse zu bestimmen ist. Die herrschende Meinung billigt dem Anleger lediglich den Differenzschaden zwischen dem tatsächlichen Wert der Anlage und dem hypothetischen Wert, der bei rechtzeitiger Veröffentlichung bestanden hätte, zu.[462] Der BGH und die Mindermeinung im Schrifttum gewähren dem Anleger dagegen ein Wahlrecht.[463] Danach kann der Anleger anstatt des Differenzschadens gegebenenfalls den Vertragsabschlussschaden und somit Totalreparation verlangen, wonach der Emittent den Erwerbspreis Zug um Zug gegen Übernahme der Finanzinstrumente zu ersetzen hat.[464] Beide Ansichten werden folgend genauer untersucht.

a) Kursdifferenzschaden

Die herrschende Meinung sieht den zentralen Grund für eine Begrenzung des ersatzfähigen Schadens auf den Differenzschaden in erster Linie im

---

460 Assmann/Schneider/*Sethe*, WpHG, §§ 37b, 37c Rn. 83; *Buck-Heeb*, Kapitalmarktrecht, Rn. 374.

461 RegE zum 4. FFG, BT-Drucks. 14/8017, S. 93; Schwark/Zimmer/*Zimmer/Grotheer*, KMRK, WpHG, § 37c Rn. 91.

462 Assmann/Schneider/*Sethe*, WpHG, §§ 37b, 37c Rn. 86 ff.; Fuchs/*Fuchs*, WpHG, §§ 37b, 37c Rn. 33 ff.; Schwark/Zimmer/*Zimmer/Grotheer*, KMRK, WpHG, § 37c Rn. 86 ff.; *Langenbucher*, Aktien- u. Kapitalmarktrecht, § 17 Rn. 170 ff.; *Schröder*, Die Selbstbefreiung von der Ad-hoc-Publizität, S. 188 f.; *Klöhn*, AG 2012, 345, 352 ff.; *Schmolke*, ZBB/JBB 2012, 165, 175 f.; *Mülbert/Steup*, WM 2005, 1633, 1636 ff.

463 BGH, BGHZ 192, 90, Rn. 51 ff.; *Möllers/Leisch*, KK-WpHG, §§ 37b, c Rn. 263 ff.; *Lenenbach*, Kapitalmarktrecht, Rn. 11.581 ff.; *Bachmann*, JZ 2012, 578, 581; sehr kritisch, aber im Ergebnis dem BGH wohl zustimmend, *Spindler*, NZG 2012, 575, 577 f.

464 *Langenbucher*, Aktien- u. Kapitalmarktrecht, § 17 Rn. 167; *Schröder*, Die Selbstbefreiung von der Ad-hoc-Publizität, S. 188.

Schutzzweck von §§ 15, 37b f. WpHG.[465] Der Gesetzgeber wolle den Anleger nur vor den Folgen eines unlauteren Einflusses auf die Preisbildung am Kapitalmarkt schützen, nicht aber vor einem unlauteren Einfluss auf die Willensbildung des einzelnen Anlegers.[466] Dies verdeutliche sich mit Blick auf die Gesetzgebungsmaterialien, nach denen die Anleger geschützt werden sollen, die aufgrund der Ad-hoc-Pflichtverletzung des Emittenten „zu teuer" gekauft oder „zu billig" verkauft haben.[467] Daraus ließe sich erkennen, dass der Gesetzgeber nur den Schaden ersetzen wollte, den ein Anleger dadurch erlitten hat, dass er zu unzutreffend gebildeten Preisen gehandelt hat und nicht unterstellt, dass dem Anleger der Schaden entstanden ist, weil er erst durch die fehlende Meldung zum Handeln veranlasst wurde.[468]

Dies zeige sich auch durch einen Vergleich mit der Prospekthaftung. Denn während Prospekte einem Anleger eine eigenverantwortliche Entscheidung über den Erwerb neu emittierter Finanzinstrumente ermöglichen und daher regelmäßig auf dessen Willensbildung einwirken, würden Ad-hoc-Mitteilungen gerade nicht dem einzelnen Anleger, sondern dem Markt im Ganzen gegenüber geäußert.[469] Mithin schütze der Differenzschadensersatz nicht das Vertrauen eines Anlegers in das Fehlen von ad-hoc-pflichtigen Insiderinformationen, sondern das allgemeine Vertrauen, dass Insiderinformationen unverzüglich und zutreffend veröffentlicht werden.[470]

Neben dem Schutzzweck spreche auch eine sachgerechte Risikozuordnung für einen Differenzschadensersatz.[471] Hätte der Anleger die Möglichkeit der Geschäftsrückabwicklung, könnte er auch sämtliche allgemeine Marktrisiken eines Wertpapiers einseitig auf den Emittenten abwälzen, die in keinem

---

[465] Assmann/Schneider/*Sethe*, WpHG, §§ 37b, 37c Rn. 86.

[466] Assmann/Schneider/*Sethe*, WpHG, §§ 37b, 37c Rn. 86.

[467] RegE zum 4. FFG, BT-Drucks. 14/8017, S. 93.

[468] Assmann/Schneider/*Sethe*, WpHG, §§ 37b, 37c Rn. 86; Fuchs/*Fuchs*, WpHG, §§ 37b, 37c Rn. 33 f.; Schwark/Zimmer/*Zimmer/Grotheer*, KMRK, WpHG, § 37c Rn. 87; *Langenbucher*, Aktien- u. Kapitalmarktrecht, § 17 Rn. 170 f.; *Mülbert/Steup*, WM 2005, 1633, 1636.

[469] Assmann/Schneider/*Sethe*, WpHG, §§ 37b, 37c Rn. 12.

[470] Schwark/Zimmer/*Zimmer/Grotheer*, KMRK, WpHG, § 37c Rn. 88.

[471] Schwark/Zimmer/*Zimmer/Grotheer*, KMRK, WpHG, § 37c Rn. 89; Fuchs/*Fuchs*, WpHG, §§ 37b, 37c Rn. 35.

Zusammenhang mit der Pflichtverletzung stehen.[472] Dadurch erhöhe sich der Anreiz für Anleger, bei zwischenzeitlichem Kursverfall, nachträglich Informationsmängel aufzuspüren, um sich von Finanzinstrumenten zu Lasten des Emittenten trennen zu können.[473] Indem dies dem Charakter des Wertpapiers als Risikopapier nicht gerecht würde, sei hier eine Abschwächung der Naturalrestitution zu einem reinen Vermögensschutz in Form eines Differenzschadens geboten.[474]

b) Wahlrecht zwischen Differenzschaden und Vertragsabschlussschaden

Die Mindermeinung lehnt eine Beschränkung auf den Differenzschaden deshalb ab, weil bereits der Wortlaut der §§ 37b f. WpHG nicht auf die Verletzung bestimmter Rechte oder Rechtsgüter abstelle, sondern sowohl für Schäden, die durch Einfluss auf die Willensbildung, als auch für Schäden, die ohne Kenntnis der Informationspflichtverletzung eingetreten sind, offen sei.[475] Unterstützt wird diese Ansicht vom BGH, der darauf verweist, dass § 249 BGB als Basisnorm des Schadensrechts die Totalreparation statuiert.[476] Nach dieser ist der Zustand herzustellen, der bestehen würde, wenn der zum Ersatz verpflichtende Umstand nicht eingetreten wäre. Demzufolge, so der BGH, sei die Schadenskompensation ohne Abstriche zu leisten, was nach ständiger Rechtsprechung in Bezug auf Informationspflichtverletzungen meist zur schadensrechtlichen Rückabwicklung führt.[477] Eine Einschränkung des Anspruchsumfangs sei zwar möglich, wenn eine verletzte Norm dies gebietet, dafür lieferten §§ 37b, c WpHG allerdings nicht genügend Anhaltspunkte.[478]

---

472 Schwark/Zimmer/*Zimmer/Grotheer*, KMRK, WpHG, § 37c Rn. 89; Fuchs/*Fuchs*, WpHG, §§ 37b, 37c Rn. 35; *Langenbucher*, Aktien- u. Kapitalmarktrecht, § 17 Rn. 171.

473 Fuchs/*Fuchs*, WpHG, §§ 37b, 37c Rn. 35.

474 *Fleischer*, BB 2002, 1869, 1873.

475 *Möllers/Leisch*, KK-WpHG, §§ 37b, c Rn. 270.

476 BGH, BGHZ 192, 90, Rn. 51.

477 BGH, BGHZ 192, 90, Rn. 51 m. w. N.

478 BGH, BGHZ 192, 90, Rn. 52.

Obendrein wird angemerkt, dass sich, im Gegensatz zum Zweiten Finanzmarktförderungsgesetz (FFG),[479] dessen Schutzzweck einzig die Funktionsfähigkeit des Kapitalmarkts war,[480] mit Einführung des 4. FFG[481] der Schutzzweck der Veröffentlichungspflicht erweitert habe.[482] Wenn es in der Regierungsbegründung zum 4. FFG unter § 15 WpHG jetzt heißt, die Ad-hoc-Publizitätspflicht soll „dazu beitragen, dass Marktteilnehmer frühzeitig über marktrelevante Informationen verfügen, damit sie sachgerechte Anlageentscheidungen treffen können“,[483] könne dem entnommen werden, dass § 15 WpHG nun auch dem Individualschutz dient.[484] Da speziell § 37b WpHG die zivilrechtliche Folge eines Verstoßes gegen den Tatbestand von § 15 WpHG darstellt, seien die beiden Normen mithin zusammen zu lesen,[485] wodurch es folgerichtig sei, Rechtsgeschäfte, die infolge von Verstößen gegen die Publizitätspflicht zustande kommen, rückgängig machen zu können.[486]

c) Stellungnahme

Trotz teils nachvollziehbarer Argumente der herrschenden Meinung, ist sich dem BGH und der Mindermeinung anzuschließen und dem geschädigten Anleger auch ein Vertragsabschlussschaden in Form von Rückabwicklung zuzugestehen.

Dagegen spricht sicher der Einwand, dass der Anleger durch Rückabwicklung auch das generelle Marktrisiko auf den Emittenten übertragen könne und nicht nur das Irreführungsrisiko.[487] Unter Verweis auf § 346 Abs. 3 S. 1

---

479 Gesetz über den Wertpapierhandel u. zur Änderung börsenrechtlicher u. wertpapierrechtlicher Vorschriften v. 26.07.1994, BGBl. I 1994, S. 1749.

480 Bericht des Finanzausschusses des Deutschen Bundestages, 2. FFG, BT-Drucks. 12/7918, S. 102.

481 Gesetz zur weiteren Fortentwicklung des Finanzplatzes Deutschland v. 21.06.2002, BGBl. I 2002, S. 2009.

482 BGH, BGHZ 192, 90, Rn. 56; *Möllers/Leisch*, KK-WpHG, §§ 37b, c Rn. 283.

483 RegE zum 4. FFG, BT-Drucks. 14/8017, S. 87; vgl. auch RegE zum AnSVG, BT-Drucks. 15/3174, S. 34.

484 BGH, BGHZ 192, 90, Rn. 56; *Möllers/Leisch*, KK-WpHG, §§ 37b, c Rn. 283.

485 *Möllers/Leisch*, KK-WpHG, §§ 37b, c Rn. 284.

486 BGH, BGHZ 192, 90, Rn. 56.

487 Siehe oben E) I) 1) a).

Nr. 3 BGB – der einen Wertersatzanspruch im Rahmen der Rückabwicklung entfallen lässt, sofern die Sorgfaltspflicht beachtet wurde – versucht der BGH zu entgegnen, dass die Gefahr der zufälligen Verschlechterung der zurück zu gewährenden Sache generell beim Schädiger verbleibe.[488] Da die Rechtsprechung im Regelfall demnach auch bei anderen Publizitätspflichtverletzungen oder vorvertraglichen Aufklärungspflichtverletzungen einen uneingeschränkten Schadensersatzanspruch zugesteht, könne für §§ 37b f. WpHG nichts anderes gelten.[489] Dies ist allerdings nicht überzeugend, da der BGH übersieht, dass der Anleger im Wertpapierrecht das Marktrisiko bewusst übernimmt und sich dieses somit nicht zufällig realisiert.[490]

Für einen uneingeschränkten Schadensersatzanspruch spricht dagegen, dass der Schutzzweck von §§ 15, 37b f. WpHG nunmehr auch dem Individualschutz dient. Anders als der BGH und die Mindermeinung dies betonen, lässt sich der Individualschutz allerdings nicht zweifelsfrei bereits den Gesetzesmaterialien zu § 15 WpHG entnehmen.[491] Zwar soll dem Marktteilnehmer hiernach eine sachgerechte Anlageentscheidung ermöglicht werden, an anderer Stelle der Regierungsbegründung zum 4. FFG wird allerdings darauf hingewiesen, dass das Schutzgut von § 15 WpHG die Funktionsfähigkeit des Kapitalmarkts ist.[492] Jedoch hilft hier ein Vergleich mit der Begründung zum 2. FFG weiter, nach dem die Funktionsfähigkeit des Kapitalmarkts noch „ausschließliches" Schutzgut von § 15 WpHG gewesen ist.[493] Da der Begriff der Ausschließlichkeit nunmehr weggefallen ist, ist dies ein Indiz dafür, dass § 15 WpHG sowohl die Funktionsfähigkeit des Kapitalmarkts, als auch das Anlegerinteresse an sachgerechten Entscheidungen schützen soll.

---

488 BGH, BGHZ 192, 90, Rn. 58; zustimmend *Bachmann*, JZ 2012, 578, 581, der als weiteres Beispiel auch die Rückabwicklung aufgrund arglistiger Täuschung nach § 123 BGB nennt.

489 BGH, BGHZ 192, 90, Rn. 58.

490 *Schmolke*, ZBB/JBB 2012, 165, 175; bereits *Fleischer*, BB 2002, 1869, 1871.

491 Vgl. oben E) I) 1) b).

492 RegE zum 4. FFG, BT-Drucks. 14/8017, S. 87.

493 Bericht des Finanzausschusses des Deutschen Bundestages, 2. FFG, BT-Drucks. 12/7918, S. 102.

Dass die Ad-hoc-Publizität auch dem Individualschutz dient, verdeutlicht sich schon eher beim Lesen des Wortlauts von § 37c WpHG. Da der Anleger hiernach zu einem Anspruch berechtigt ist, weil er auf die Richtigkeit der fehlerhaft veröffentlichten Insiderinformation vertraut hat, zeigt sich, dass der Anspruch dadurch entsteht, dass der Wille zum Handeln beim Anleger erst durch die fehlerhafte Information ausgelöst wurde.[494] Dem wird zum einen entgegengehalten, dass diese Formulierung nicht der Bestimmung des Schadensumfangs dient, sondern eine zusätzliche Kausalitätsvoraussetzung darstellt, wodurch § 37c WpHG ein zweistufiges Kausalitätserfordernis bezüglich des Kursdifferenzschadens vorsieht.[495] Andere wiederum meinen, dass die Formulierung schlichtweg ein Redaktionsversehen darstelle und bieten als Lösung, die Norm so zu lesen, dass der Anleger auf die korrekte Marktpreisbildung vertraut habe.[496] Beide Einwände überzeugen nicht. Zum einen ist der Gesetzesbegründung des 4. FFG durch nahezu identische Formulierung der Bestimmungen zu den §§ 37b, 37c WpHG der Wunsch nach einem Haftungsgleichlauf zu entnehmen,[497] so dass an § 37c WpHG nicht strengere Anforderungen gestellt werden können als an § 37b WpHG. Zum anderen hätte der Gesetzgeber ein eventuelles Redaktionsversehen durch das spätere AnSVG korrigieren können, wozu er sich aber nicht genötigt sah.[498]

Da das mögliche Abwälzen von allgemeinen Marktrisiken auf den Emittenten eher gegen einen vollen Schadensumfang spricht, der Schutzzweck jedoch eher dafür, ist letztlich ausschlaggebend, ob eindeutige Anhaltspunkte vorliegen, um von der Totalreparation als Grundregel des Schadensrechts abzuweichen.[499] Dies ist nach alledem zu verneinen. Hätte der Gesetzgeber wirklich eine Begrenzung auf den Kursdifferenzschaden gewollt, hätte er dies klar formulieren müssen.[500] Die Gefahr, dass der Emittent mögliche

---

494 BGH, BGHZ 192, 90, Rn. 53; *Möllers/Leisch*, KK-WpHG, §§ 37b, c Rn. 272.

495 *Mülbert/Steup*, WM 2005, 1633, 1636.

496 Assmann/Schneider/*Sethe*, WpHG, §§ 37b, 37c Rn. 12; *Maier-Reimer/Webering*, WM 2002, 1857, 1861.

497 BGH, BGHZ 192, 90, Rn. 53.

498 BGH, BGHZ 192, 90, Rn. 53; *Möllers/Leisch*, KK-WpHG, §§ 37b, c Rn. 272.

499 *Lenenbach*, Kapitalmarktrecht, Rn. 11.582 u. 11.585.

500 *Bachmann*, JZ 2012, 578, 581.

Kursverluste übernehmen muss, die durch die spätere allgemeine Marktentwicklung entstanden sind, wird ohnehin dadurch abgemildert, dass Verluste aus hypothetischen Alternativinvestitionen, als Reserveursache aus dem Schaden herausgerechnet werden.[501] Des Weiteren rechtfertigt sich das Verlagern der allgemeinen Marktrisiken mittels Rückgriff auf das Verschulden. Da der Emittent nach § 37b Abs. 2 WpHG nur für grobe Fahrlässigkeit oder Vorsatz haftet, kann ihm unterstellt werden, Täuschungshandlungen im vollen Bewusstsein der möglichen Marktfolgen vorgenommen zu haben, wodurch er sich die Übernahme der zusätzlichen Risiken selbst zuzuschreiben hat.[502]

Folglich hat der anspruchsberechtigte Anleger nach § 37b WpHG ein Wahlrecht zwischen einem Kursdifferenzschaden und einem Vertragsabschlussschaden.

2 Haftungsbegründende Kausalität

Will der Anleger einen Schaden nach § 37b WpHG geltend machen, muss zwischen der unterlassenen Ad-hoc-Meldung und dem Wertpapiergeschäft ein Kausalzusammenhang bestehen.[503] Die Anforderungen an die Kausalität hängen dabei von dem geltend gemachten Interesse und somit von der Schadensberechnung ab.[504] Sofern der Anleger nur den Kursdifferenzschaden begehrt, kommt es nicht darauf an, ob die unterlassene Ad-hoc-Mitteilung für seine Anlageentscheidung ursächlich gewesen ist.[505] Er muss lediglich darlegen und gegebenenfalls beweisen, dass die Informationspflichtverletzung ursächlich für eine fehlerhafte Preisbildung war.[506] Kann er nachweisen, dass er bei pflichtgemäßer Veröffentlichung die Transaktion zu einem für ihn besseren Kursverlauf hätte durchführen können, reicht dies für einen

---

501 Ausführlich *Möllers/Leisch*, KK-WpHG, §§ 37b, c Rn. 305 ff.; *Lenenbach*, Kapitalmarktrecht, Rn. 11.586.

502 Ähnlich *Spindler*, NZG 2012, 575, 578.

503 *Fleischer*, NJW 2002, 2977, 2980.

504 Fuchs/*Fuchs*, WpHG, §§ 37b, 37c Rn. 28.

505 BGH, BGHZ 192, 90, Rn. 67; *Möllers/Leisch*, KK-WpHG, §§ 37b, c Rn. 283; Fuchs/*Fuchs*, WpHG, §§ 37b, 37c Rn. 28.

506 BGH, BGHZ 192, 90, Rn. 67; *Möllers/Leisch*, KK-WpHG, §§ 37b, c Rn. 283; Fuchs/*Fuchs*, WpHG, §§ 37b, 37c Rn. 28.

Ursachenzusammenhang zwischen Pflichtverletzung und Schadenseintritt aus.[507]

Will der Anleger hingegen den Vertragsabschlussschaden geltend machen, muss er beweisen, dass er bei rechtzeitiger Veröffentlichung von der Transaktion Abstand genommen hätte und die fehlende Mitteilung somit kausal für die individuelle Investitionsentscheidung gewesen ist.[508] Da es sich hierbei um innere Tatsachen des Geschädigten handelt, ist der Beweis allerdings schwer zu erbringen.[509] Obwohl das Gesetz keine Beweiserleichterungen vorsieht,[510] werden von der Literatur dennoch verschiedene Modelle der Beweiserleichterung vorgeschlagen, die vom BGH aber grundsätzlich abgelehnt wurden.[511] Nichtsdestotrotz soll auf die einzelnen Modelle kurz eingegangen werden, um zu untersuchen, ob dem BGH in seiner ablehnenden Haltung beizupflichten ist oder dem Anleger unter Umständen eine Beweiserleichterung zugutekommen muss.

a) Beweislastumkehr

Mit Verweis auf § 45 Abs. 2 Nr. 1 BörsG a. F.[512] ist vereinzelt eine Beweislastumkehr vorgeschlagen worden und somit eine analoge Anwendung von § 45 Abs. 2 Nr. 1 BörsG a. F. auf die Ad-hoc-Publizitätspflicht.[513] Die Norm schließt im Rahmen der Prospekthaftung einen Anspruch aus, sofern Wertpapiere nicht aufgrund eines Prospekts erworben worden sind und sieht dadurch eine Beweislastumkehr vor, da sie auf dem Gedanken beruht, dass Börsenzulassungsprospekte eine Anlagestimmung erzeugen, wodurch der

---

507 *Möllers/Leisch*, KK-WpHG, §§ 37b, c Rn. 283; Schwark/Zimmer/*Zimmer/Grotheer*, KMRK, WpHG, § 37c Rn. 90.

508 BGH, BGHZ 192, 90, Rn. 61 ff.; *Möllers/Leisch*, KK-WpHG, §§ 37b, c Rn. 345; Fuchs/ *Fuchs*, WpHG, §§ 37b, 37c Rn. 28; *Langenbucher*, Aktien- u. Kapitalmarktrecht, § 17 Rn. 151; *Schröder*, Die Selbstbefreiung von der Ad-hoc-Publizität, S.189.

509 BGH, NJW 2004, 2664, 2666 zu § 826 BGB; *Möllers/Leisch*, KK-WpHG, §§ 37b, c Rn. 345; *Findeisen/Backhaus*, WM 2007, 100, 101.

510 *Kümpel/Veil*, WpHG, S. 227 Rn. 8.

511 BGH, BGHZ 192, 90, Rn. 61 ff.

512 Nunmehr § 23 Abs. 2 Nr. 1 WpPG.

513 *Rössner/Bolkart*, ZIP 2002, 1471, 1476; Heidel/*Bergdolt*, Aktien- u. Kapitalmarktrecht, 19./ Teil 2 Rn. 99.

Prospekt grundsätzlich ursächlich für den Erwerb ist.[514] Da ein unrichtiger Prospekt nach § 45 Abs. 2 Nr. 4 BörsG a. F. per Ad-hoc-Mitteilung korrigiert werden kann, zeige das Gesetz, dass Ad-hoc-Mitteilungen und Zulassungsprospekte vergleichbare Publizitätswirkungen voraussetzten.[515] Dementsprechend wäre es aber willkürlich anzunehmen, dass Prospekte Anlagestimmungen erzeugen, Ad-hoc-Mitteilungen dagegen nicht.[516]

b) Fraud-on-the-market-Theorie

Eine Einzelmeinung schlägt hinsichtlich der haftungsbegründenden Kausalität vor, auf die, der US-amerikanischen Rechtsprechung entstammenden,[517] Fraud-on-the-market-Theorie zurückzugreifen.[518] Diese formuliert eine widerlegbare Kausalitätsvermutung, nach der sich der Anleger auf die Integrität eines effizienten und entwickelten Anlagemarkts verlassen hat.[519] Danach wäre auf den Nachweis der konkreten Abschlusskausalität gänzlich zu verzichten[520] und müsse lediglich bewiesen werden, dass ein informationseffizienter Markt bestehe, der durch falsche oder unterlassene Angaben insgesamt irregeführt wurde.[521] Der Vorteil liege darin, dass nicht auf eine subjektive Anlagestimmung, sondern auf wissenschaftliche Erkenntnisse über die Preisbildung an Kapitalmärkten abgestellt werde.[522] Da die Märkte alle Informationen im Börsenkurs zeitnah abbildeten, könne der durchschnittliche Anleger typischerweise in die informationelle Transparenz des

---

514 *Rössner/Bolkart*, ZIP 2002, 1471, 1476.

515 *Rössner/Bolkart*, ZIP 2002, 1471, 1476.

516 *Rössner/Bolkart*, ZIP 2002, 1471, 1476.

517 U.S. Supreme Court, Basic v. Levinson, Urteil v. 07.03.1988, 86-279, v. a. unter IV A.

518 *Fleischer*, DB 2004, 2031, 2034.

519 *Findeisen/Backhaus*, WM 2007, 100, 106, die die Theorie im Ergebnis ablehnen.

520 *Fleischer*, DB 2004, 2031, 2034; *Baums*, ZHR 167 (2003), 139, 184; *Schwark*, in: FS Hadding, 1117, 1135; *Möllers/Leisch*, KK-WpHG, §§ 37b, c Rn. 357, die das Modell aber ablehnen.

521 *Möllers/Leisch*, KK-WpHG, §§ 37b, c Rn. 357; *Findeisen/Backhaus*, WM 2007, 100, 106.

522 *Findeisen/Backhaus*, WM 2007, 100, 107.

Kurses vertrauen, weswegen dieses Vertrauen schutzwürdig sei.[523] Des Weiteren sei die rechtsdogmatische Begründung der Theorie viel tragfähiger, da die Effizienz des Markts nicht a priori vorausgesetzt wird, sondern die Beweiserleichterung stringent aus den Zielen des Kapitalmarkts und aus der Sekundärmarktpublizität erfolge.[524]

c) Anscheinsbeweis qua Anlagestimmung

Eine dritte Ansicht spricht sich für eine Beweiserleichterung in Form des Anscheinsbeweises aus.[525] Dazu wird ebenfalls oft auf die Figur der Anlagestimmung zurückgegriffen, die die Rechtsprechung im Rahmen der Prospekthaftung bereits entwickelte,[526] bevor die gesetzliche Beweislastumkehr hierzu normiert wurde.[527] Die Rechtsprechung ging davon aus, dass der Prospekt die Einschätzung des Wertpapiers mitbestimmt und somit für eine bestimmte Zeit eine Anlagestimmung erzeugt. Wurde in dieser Zeit ein Wertpapier erworben, konnte der Erwerber diese Stimmung für sich in Anspruch nehmen.[528] Diese Grundsätze müssten zumindest auch auf fehlerhafte Ad-hoc-Meldungen übertragen werden,[529] weil der Zweck der Ad-hoc-Meldung – die Einschätzung der Aktie am Markt zu beeinflussen – mit dem der Prospektveröffentlichung übereinstimme.[530]

---

523 *Findeisen/Backhaus*, WM 2007, 100, 107.

524 *Findeisen/Backhaus*, WM 2007, 100, 107.

525 *Langenbucher*, Aktien- u. Kapitalmarktrecht, § 17 Rn. 155 ff.; *dies*., in: FS K. Schmidt, 1053, 1061 f.; *Kümpel/Veil*, WpHG, S. 227 Rn. 8; *Findeisen/Backhaus*, WM 2007, 100, 106; *Fleischer*, NJW 2002, 2977, 2980; *Casper*, Der Konzern 2006, 32, 34.

526 RG, RGZ 80, 196, 205; BGH, NJW 1982, 2827, 2828; BGH, BGHZ 139, 225, 233 f.

527 Zur gesetzlichen Beweislastumkehr bei der Prospekthaftung, siehe oben E) I) 2) a).

528 BGH, BGHZ 139, 225, 233.

529 *Findeisen/Backhaus*, WM 2007, 100, 108.

530 *Findeisen/Backhaus*, WM 2007, 100, 105.

d) Stellungnahme

Eine Beweiserleichterung aufgrund einer analogen Anwendung von § 45 Abs. 2 Nr. 1 BörsG a. F. ist abzulehnen, da dafür keine planwidrige Regelungslücke vorliegt. Zwar hat sich der Gesetzgeber bei den §§ 37b, c WpHG eng an die §§ 44 ff. BörsG a. F. angelehnt.[531] Dass er dennoch keine Regelung wie § 45 Abs. 2 Nr. 1 BörsG a. F. in das WpHG aufgenommen hat, zeigt, dass er eine solche für Fälle der Ad-hoc-Publizität bewusst nicht wollte, weshalb eine Analogie zu verneinen ist.[532]

Auch eine Beweiserleichterung im Sinne der Fraud-on-the-market-Theorie ist abzulehnen. Zum einen ist zu bedenken, dass die US-amerikanische Rechtsprechung außerhalb von Vertragsverhältnissen keinen Vertragsabschlussschaden gewährt, so dass sich die Kausalitätsanforderungen dieses Modells ohnehin nur auf Kursdifferenzschäden beziehen.[533] Entscheidend ist allerdings, dass die Fraud-on-the-market-Theorie lediglich unterstellt, dass der Anleger davon ausgegangen ist, ein Produkt zum richtigen Preis erworben zu haben.[534] Ob die Täuschung überhaupt ursächlich für den Erwerb an sich war, wird gänzlich ausgeblendet.[535] Könnte man in Folge dessen dennoch einen Vertragsabschlussschaden geltend machen, führte dies zu einer massenhaften Ausweitung des Haftungstatbestands und einem Abwälzen des allgemeinen Marktrisikos auf den Emittenten.[536]

Des Weiteren ist dem Anleger eine Beweiserleichterung grundsätzlich auch nicht per Anscheinsbeweis zu gewähren. Ein solcher lässt sich auch nicht mit der Annahme rechtfertigen, dass eine Ad-hoc-Meldung zeitweilig eine

---

531 *Möllers/Leisch*, KK-WpHG, §§ 37b, c Rn. 347, *Buck-Heeb*, Kapitalmarktrecht, Rn. 371.

532 BGH, BGHZ 192, 90, Rn. 63; *Möllers/Leisch*, KK-WpHG, §§ 37b, c Rn. 347; *Buck-Heeb*, Kapitalmarktrecht, Rn. 371; *Veil*, ZHR (167) 2003, 365, 380.

533 *Möllers/Leisch*, KK-WpHG, §§ 37b, c Rn. 358.

534 *Möllers/Leisch*, KK-WpHG, §§ 37b, c Rn. 359.

535 *Möllers/Leisch*, KK-WpHG, §§ 37b, c Rn. 359; *Findeisen/Backhaus*, WM 2007, 100, 107.

536 *Möllers/Leisch*, KK-WpHG, §§ 37b, c Rn. 359; so auch der BGH bezogen auf § 826 BGB, NZG 2007, 345, 346; a. A. Assmann/Schneider/*Sethe*, WpHG, §§ 37b, 37c Rn. 149.

Anlagestimmung auslöst, aufgrund derer Finanzinstrumente erworben werden.[537] So setzt ein Anscheinsbeweis eine besonders hohe Wahrscheinlichkeit für einen typischen Geschehensverlauf voraus.[538] Da Anlageentscheidungen aber auf einer Vielzahl von Faktoren beruhen,[539] kann weder angenommen werden, dass Ad-hoc-Meldungen per se eine Anlagestimmung auslösen auf deren Grundlage der Anleger maßgeblich seine Anlageentscheidung stützt,[540] noch lassen sich verallgemeinerungsfähige Erfahrungssätze zur genauen Dauer einer eventuellen Anlagestimmung aufstellen.[541] Für Prospekte gilt dagegen eine Ausnahme, da sie eine vollständige Information des Anlegerpublikums bezwecken.[542] Anders als Prospekte, auf die regelmäßig Kaufempfehlungen gestützt werden, sind Ad-hoc-Meldungen auch kein Instrument der Verkaufsförderung,[543] da sie nur über Einzeltatsachen Auskunft geben,[544] so dass nicht typischerweise davon ausgegangen werden kann, dass Ad-hoc-Meldungen zwingend einen Geschäftsabschluss auslösen.[545]

Eine Ausnahme muss lediglich in besonders krassen Täuschungsfällen angenommen werden,[546] in denen das Finanzinstrument einen gänzlich anderen Wert besitzt als es der Börsenkurs vermittelt.[547] Entgegen der Ansicht des BGH und Teilen des Schrifttums[548] ist der Anscheinsbeweis aber nicht

---

537 So auch der BGH, BGHZ 192, 90, Rn. 64; NJW 2008, 76, 77 Rn. 13; BGHZ 160, 134, 145 f.; NJW 2004, 2668, 2671.

538 BGH, BGHZ 160, 134, 146 f.; *Buck-Heeb/Dieckmann*, AG 2008, 681, 684 f.

539 BGH, BGHZ 160, 134, 144.

540 *Möllers/Leisch*, KK-WpHG, §§ 37b, c Rn. 350.

541 BGH, BGHZ 160, 134, 146; Assmann/Schneider/*Sethe*, WpHG, §§ 37b, 37c Rn. 146.

542 BGH, BGHZ 160, 134, 146; *Möllers/Leisch*, KK-WpHG, §§ 37b, c Rn. 350; *Buck-Heeb*, AG 2008, 681, 683 f.

543 *Veil*, ZHR (167) 2003, 365, 383.

544 BGH, BGHZ 160, 134, 138; *Möllers/Leisch*, KK-WpHG, §§ 37b, c Rn. 350.

545 *Veil*, ZHR (167) 2003, 365, 383.

546 *Barth*, Schadensberechnung, S. 175 f.; Möllers/*Leisch*, KK-WpHG, 2. Aufl., §§ 37b, c Rn. 355; LG Frankfurt a. M., NZG 2003, 786; a. A. BGH, NJW 2008, 76, 77 Rn. 16; *Buck-Heeb*, AG 2008, 681, 684 f.

547 *Möllers/Leisch*, KK-WpHG, 1. Aufl., §§ 37b, c Rn. 328 f.

548 BGH, BGHZ 192, 90, Rn. 64; *Möllers/Leisch*, KK-WpHG, 2. Aufl., §§ 37b, c Rn. 350.

nur bei fehlerhaft veröffentlichten, sondern – unabhängig vom Bestehen einer Anlagestimmung – auch bei unterlassenen Ad-hoc-Mitteilungen zuzugestehen.[549] Da der Gesetzgeber einen Gleichlauf der Schadensersatzhaftung nach §§ 37b, 37c WpHG vorgesehen hat und bei einer Unterlassungshandlung generell ein hypothetischer Kausalverlauf geprüft werden muss, ist nicht einzusehen, weshalb der Anleger beim Unterlassen einer Ad-hoc-Mitteilung schlechter gestellt werden sollte, als bei einer fehlerhaft veröffentlichten.[550] Somit kommt dem Anleger auch bei einem Zurückhalten extrem negativer Informationen der Anscheinsbeweis zugute, wonach zu vermuten ist, dass er bei rechtzeitiger Veröffentlichung von seiner ursprünglichen Handlung Abstand genommen hätte. Zugegebenermaßen ist dem Anscheinsbeweis allerdings nur geringe Bedeutung beizumessen, da dieser meist nur Fälle erfasst, in denen über die faktische Wertlosigkeit eines Wertpapiers getäuscht wird, so dass ein Kursdifferenzschaden zu einem ähnlichen Schadensumfang führen würde.[551]

Zusammengefasst stehen dem Anleger im Rahmen der haftungsbegründenden Kausalität grundsätzlich keine Mittel der Beweiserleichterung zu. Nur in extremen Täuschungsfällen kann er auf den Anscheinsbeweis zurückgreifen, um einen Vertragsabschlussschaden geltend zu machen. In den überwiegenden Fällen wird ihm aufgrund der schweren Beweisführung meist nur die Geltendmachung des Kursdifferenzschadens übrig bleiben.

Insgesamt lässt sich für die §§ 37b, 37c WpHG zusammenfassen, dass der Anleger bei einer unwahren oder rechtswidrig unterlassenen Ad-hoc-Mitteilung ein Wahlrecht zwischen Kursdifferenzschaden und Vertragsabschlussschaden besitzt. Da ihm jedoch bezüglich der Kausalität grundsätzlich kein Mittel zur Beweiserleichterung zusteht, wird er sich meist mit dem Differenzschaden zufrieden geben müssen.

---

549 *Spindler*, NZG 2012, 575, 579, der dabei allerdings auf eine Anlagestimmung abstellt.

550 *Spindler*, NZG 2012, 575, 579.

551 *Möllers/Leisch*, KK-WpHG, 2. Aufl., §§ 37b, c Rn. 355.

II Schadensersatz aufgrund weiterer Haftungsnormen

§ 37b Abs. 5 WpHG gewährt dem durch unterlassene Veröffentlichung geschädigten Anleger auch weitergehende Schadensersatzansprüche, die nach Vorschriften des bürgerlichen Rechts auf Grund von Verträgen oder vorsätzlich unerlaubten Handlungen erhoben werden können.[552] In diesem Sinne stellt schon § 15 Abs. 6 S. 2 WpHG klar, dass sich die Begrenzung von § 15 Abs. 6 S. 1 WpHG nicht auf Schadensersatzansprüche bezieht, die auf anderen Rechtsgrundlagen beruhen. § 37b WpHG und § 15 Abs. 6 S. 2 WpHG regeln grundsätzlich denselben Sachverhalt, unterscheiden sich jedoch insofern, als dass § 15 Abs. 6 S. 2 WpHG eine deliktische Haftung auch bei einfacher Fahrlässigkeit zulässt.[553] Damit der strengere Verschuldensmaßstab der Grundhaftungsnorm von § 37b WpHG nicht unterlaufen wird, der eine Haftung erst ab grober Fahrlässigkeit vorsieht, ist der Regelung von § 37b Abs. 5 WpHG Vorzug vor § 15 Abs. 6 S. 2 WpHG zu gewähren.[554]

Während vertragliche Ansprüche, aufgrund meist fehlender Vertragsbeziehungen zum Emittenten, auf dem Sekundärmarkt kaum eine Rolle spielen,[555] kommen für eine weitergehende Haftung vor allem deliktische Ansprüche wegen vorsätzlicher sittenwidriger Schädigung nach § 826 BGB oder der Verletzung eines Schutzgesetzes nach § 823 Abs. 2 BGB in Betracht.[556] Anders als nach § 37b WpHG können nach § 826 BGB neben dem Emittenten auch dessen Organe persönlich in Anspruch genommen werden,[557] wenn durch vorsätzlich sittenwidrige Verletzung der Publizitätspflichten ein vorsätzlicher Schaden herbeigeführt wurde.[558] Hinsichtlich der haftungsbegründenden Kausalität und des Schadensumfangs bestehen im Rahmen von § 826 BGB keine wesentlichen Unterschiede zu § 37b WpHG,

---

552 Gleiches gilt nach § 37c Abs. 5 WpHG auch für unwahre Ad-hoc-Meldungen.

553 *Möllers/Leisch*, KK-WpHG, 2. Aufl., §§ 37b, c Rn. 410.

554 Schwark/Zimmer/*Zimmer/Grotheer*, KMRK, WpHG, § 37c Rn. 104; im Ergebnis auch *Möllers/Leisch*, KK-WpHG, 2. Aufl., §§ 37b, c Rn. 410.

555 Fuchs/*Fuchs*, WpHG, §§ 37b, 37c Rn. 45; *Möllers/Leisch*, KK-WpHG, 2. Aufl., §§ 37b, c Rn. 413.

556 Fuchs/*Fuchs*, WpHG, §§ 37b, 37c Rn. 45.

557 BGH, BGHZ 160, 134; BGHZ 160, 149.

558 Ausführlich Fuchs/*Fuchs*, WpHG, Vor §§ 37b, 37c Rn. 32 ff.

so dass hier auf die oben gemachten Ausführungen verwiesen werden kann.[559]

Liegt in der Verletzung der Ad-hoc-Publizitätspflicht zugleich ein vorsätzlicher Verstoß gegen ein Schutzgesetz i. S. v. § 823 Abs. 2 BGB, kann sich daraus ebenfalls sowohl eine Haftung des Emittenten als auch seiner Organmitglieder ergeben.[560] § 15 Abs. 1 WpHG ist selbst kein Schutzgesetz.[561] Als solche kommen vor allem aktienrechtliche und strafrechtliche Normen in Betracht.[562] Als Schutzgesetz grundsätzlich anerkannt ist § 400 Abs. 1 Nr. 1 AktG, der die unrichtige oder verschleiernde Wiedergabe von Gesellschafterverhältnissen unter Strafe stellt.[563] Stark umstritten ist hingegen die Schutzgesetzeigenschaft von § 20a WpHG, der eine Marktmanipulation durch unrichtige oder irreführende Angaben verbietet.[564] Daneben werden weitere Normen diskutiert, auf die an dieser Stelle aber ebenso wenig vertiefend eingegangen werden soll, wie auf die hier genannten.[565]

Sofern dem Anleger nach § 37b Abs. 5 WpHG mithin weitergehende Ansprüche zustehen, ergeben sich diese in der Regel aus deliktischen Haftungsnormen. Dies betrifft zumeist Ansprüche aus § 826 BGB oder aus § 823 Abs. 2 BGB i. V. m einem Schutzgesetz; wobei hier vor allem § 400 Abs. 1 Nr. 1 AktG in Frage kommt. Anspruchsgegner können dabei auch die Organmitglieder des Emittenten sein.

---

559 Siehe zum Schadensumfang E) I) 1) und zur haftungsbegründenden Kausalität E) I) 2).

560 Fuchs/*Fuchs*, WpHG, Vor §§ 37b, 37c Rn. 57; K*löhn*, KK-WpHG, 2. Aufl.,§ 15 Rn. 467.

561 Siehe oben E) I).

562 *Buck-Heeb*, Kapitalmarktrecht, Rn. 381.

563 BGH, NJW 2005, 2450, 2451; *Möllers/Leisch*, KK-WpHG, 2. Aufl., §§ 37b, c Rn. 420, 486; Schwark/Zimmer/*Zimmer/Grotheer*, KMRK, WpHG, § 37c Rn. 110.

564 *Möllers/Leisch*, KK-WpHG, 2. Aufl., §§ 37 b, c Rn. 496 ff. m. w. N.

565 Mit einem kompakten Überblick über mögliche Schutzgesetze *Buck-Heeb*, Kapitalmarkrecht, Rn. 381; ausführlich *Möllers/Leisch*, KK-WpHG, 2. Aufl., §§ 37b, c Rn. 419 ff.

Für die zivilrechtlichen Rechtsfolgen eines unrechtmäßigen Aufschubs der Ad-hoc-Publizität lässt sich zusammenfassen, dass der Emittent dem geschädigten Anleger nach § 37b WpHG – bei entsprechender Beweiserbringung durch den Geschädigten – den Vertragsabschlussschaden oder den Kursdifferenzschaden zu erstatten hat. Daneben kann dem Anleger unter Umständen auch ein Anspruch aus § 826 BGB oder § 823 Abs. 2 BGB i. V. m. einem Schutzgesetz zustehen, den er gegebenenfalls auch gegenüber den Organen des Emittenten geltend machen kann.

F Fazit

Im Ergebnis ist der Emittent zum Aufschub der Ad-hoc-Publizität nach § 15 Abs. 3 S. 1 WpHG berechtigt, wenn seine Aktionäre ein Interesse an der Geheimhaltung einer Insiderinformation haben und dieses das Interesse des Kapitalmarkts an einer unverzüglichen Veröffentlichung überwiegt. Ein Geheimhaltungsinteresse der Aktionäre ist anzunehmen, wenn es überwiegend wahrscheinlich ist, dass die für sie zu erwartenden indirekten Kosten einer unverzüglichen Veröffentlichung den zu erwartenden Nutzen übersteigen und somit den Fundamentalwert ihrer Aktien gefährden. Das für die Abwägung relevante Kapitalmarktinteresse setzt sich in erster Linie aus den Suchkosten der Informationshändler und gegebenenfalls aus deren Insiderrisiken zusammen. Je länger eine Aufschubphase anhält und je stärker sich zutreffende Gerüchte über die geheim gehaltene Information verdichten, desto eher spricht dies bei der Abwägung gegen ein berechtigtes Emittenteninteresse.

Des Weiteren darf eine veröffentlichungspflichtige Insiderinformation nur aufgeschoben werden, wenn bei den Informationshändlern keine Fehlvorstellungen über die geheim gehaltene Insiderinformationen existieren, die jene zur Suche nach weiteren Informationen oder zum Handeln verleiten. Eine solche Irreführungsgefahr darf dabei auch nicht von Dritten ausgelöst werden.

Bis zur Geltung der Marktmissbrauchsverordnung – nach der bereits ein präzises Gerücht die Vertraulichkeit der Insiderinformation entfallen lassen kann – ist die Gewährleistung der Vertraulichkeit hingegen gewahrt, sobald der Emittent seinen Organisationspflichten nachgekommen ist; selbst wenn bei einem Dritten eine Vertraulichkeitslücke besteht. Dennoch können Insiderinformationen sowohl unternehmensinternen wie auch unternehmensexternen Personen zugänglich gemacht werden, sofern die Weitergabe zur notwendigen Aufgabenerfüllung zweckgebunden und verhältnismäßig ist. Die Maßnahmen, die der Emittent erfüllen muss, damit er eine Insiderinformation nach Wegfall der Vertraulichkeitsgewährleistung unverzüglich veröffentlichen kann, sind keine Voraussetzung der Vertraulichkeitsgewährleistungspflicht, sondern ergeben sich unmittelbar aus der Ad-hoc-Publizitätspflicht selbst.

Sind die materiellen Befreiungsvoraussetzungen aus § 15 Abs. 3 S. 1 WpHG erfüllt, bedarf es für den Aufschub keiner zusätzlichen bewussten Befreiungsentscheidung. Wird eine solche aus Beweisgründen dennoch getroffen, muss der Beschluss nicht zwingend durch den gesamten Vorstand erfolgen, sondern kann auch durch ein einzelnes Vorstandsmitglied getätigt oder auf eine untergeordnete Abteilung delegiert werden. Liegen die Voraussetzungen von § 15 Abs. 3 S. 1 WpHG vor, ist sich der Emittent jedoch unsicher, ob überhaupt eine grundsätzliche Veröffentlichungspflicht nach § 15 Abs. 1 S. 1 WpHG besteht, kann die Befreiung auch vorsorglich erfolgen.

Schiebt der Emittent eine Ad-hoc-Meldung auf, obwohl die Befreiungsvoraussetzungen nicht (mehr) vorliegen, macht er sich in erster Linie nach § 37b WpHG schadensersatzpflichtig. Dabei hat ein geschädigter Anleger ein Wahlrecht zwischen einem Kursdifferenzschaden und einem Vertragsabschlussschaden. Da dem Anleger im Rahmen der haftungsbegründenden Kausalität allerdings nur in extremen Täuschungsfällen eine Beweiserleichterung in Form eines Anscheinsbeweises zugute kommt, wird er in der Regel nur den Kursdifferenzschaden geltend machen können.

Daneben kann der Anleger grundsätzlich auch nach § 826 BGB und § 823 Abs. 2 BGB in Verbindung mit einem Schutzgesetz einen Schadensersatzanspruch geltend machen, wobei § 15 WpHG selbst kein Schutzgesetz darstellt. Anders als nach § 37b WpHG können nach § 826 BGB und § 823 Abs. 2 BGB gegebenenfalls auch die Organe des Emittenten in die zivilrechtliche Haftung genommen werden.

Stichwortverzeichnis

Notizen

Berliner wirtschaftsrechtliche Schriften

In den Berliner wirtschaftsrechtlichen Schriften werden wissenschaftliche Abhandlungen zu aktuellen Themen aus den wirtschaftsrechtlichen Kernbereichen veröffentlicht: Wirtschaftsprivatrecht, Arbeits- und Sozialrecht, Gesellschaftsrecht, Insolvenzrecht, Internationales Privatrecht, Wettbewerbs- und Kartellrecht.

Die Berliner Professoren der HTW Berlin, Michael Jaensch und Irmgard Küfner-Schmitt stehen als Herausgeber für eine wissenschaftlich fundierte Darstellung mit hoher praktischer Relevanz. Bei den Schriften handelt es sich im Regelfall um Abschlussarbeiten wirtschaftsrechtlicher Studiengänge. Die Schriftenreihe ist aber auch offen für Doktorarbeiten und sonstige Abhandlungen des aktuellen Wirtschaftsrechts, sofern diese einen entsprechenden Unternehmensbezug aufweisen. Jeder Band wird eingeleitet von einem Vorwort der Herausgeber, das den Kontext herstellt und in die Thematik einführt.

Anregungen und Kritik nehmen die Herausgeber per E-Mail entgegen: michael.jaensch@htw-berlin.de und irmgard.kuefner-schmitt@htw-berlin.de.

BWS 1
Patrick Müller: Mindestlohn. Berechnung und Auszahlung.
Broschur, 128 Seiten, 24,95 €, ISBN 978-3-946392-00-2
Erschienen April 2016

BWS 2
Patrick Rieger: Tarifeinheitsgesetz. Eine verfassungsrechtliche Bewertung
Broschur, 178 Seiten, 24,95 €, ISBN 978-3-946392-01-9
Erschienen Juli 2016

BWS 3
Anke Götze: Die Haftung im eigenverwalteten Insolvernzverfahren. Eine Bewertung des Haftungskonzepts
Broschur, ca. 96 Seiten, 24,95 €, ISBN 978-3-946392-02-6
Erscheinungstermin Juli 2016

BWS 4
Marcel Paltin: Insiderinformationen und Ad-hoc-Publizität. Anforderungen an die Selbstbefreiung von der Veröffentlichungspflicht
Broschur, ca. 124 Seiten, 24,95 €, ISBN 978-3-946392-03-3
Erscheinungstermin Juli 2016

BWS 5
Thomas Cunow: Vertrauenskapital und Abmahnung
Broschur, ca. 120 Seiten, 24,95 € ISBN 978-3-946392-04-0
Erscheinungstermin August 2016

BWS 6
Stephanie Raithel: Werbeblocker im Internet. Eine wettbewerbsrechtliche Beurteilung
Broschur, ca. 220 Seiten, 29,95 €, ISBN 978-3-946392-05-7
Erscheinungstermin August 2016